Robinson Jeffers
Unterjochte Erde

SERIE PIPER
Band 617

Zu diesem Buch

Robinson Jeffers, der in diesem Jahr 100 Jahre alt geworden wäre, zählt zu den bestvergessenen, bestverdrängten amerikanischen Lyrikern des 20. Jahrhunderts, seit er es in seinem 1948 erschienenen Gedichtband »The Double Axe« wagte, das imperiale Sendungsbewußtsein der USA nach dem zweiten Weltkrieg scharf zu brandmarken. Er, der 1919 schon den Ausstieg aus der modernen Industriegesellschaft gefordert und mit der Übersiedlung in sein selbsterrichtetes »Tor House« an der kalifornischen Küste radikal verwirklicht hatte, kann heute vielleicht bei der Generation der Enkel den Widerhall finden, den ihm ein zukunftssüchtiges, naturfeindliches Amerika über Jahrzehnte hinweg verweigert hat. Jeffers könnte ein Dichter einer anderen Zukunft werden.

Robinson Jeffers, geboren 1887 in Pittsburgh, gestorben 1962 in Carmel/Kalifornien.

Robinson Jeffers

Unterjochte Erde

Gedichte

Übersetzung und Nachwort
von Eva Hesse

Piper
München Zürich

ISBN 3-492-10617-x
Mai 1987
R. Piper GmbH & Co. KG, München
Lizenzausgabe mit Genehmigung
des Andreas-Haller-Verlags, Passau

Umschlag: Federico Luci
Gesamtherstellung: Clausen & Bosse, Leck
Printed in Germany

Inhalt

Gedichte

Zyklus

Die flügel-flappende Schwärze, Keilflug der Kormorane, das
 flächige Gleiten,
Lässiger Herbstzug der Pelikane, neun oder zwölf im Strich,
 langhin am Ufer,
Erst recht die Möwen, die Luft-Kalligraphen, sie schreiben
 Windloopings an die Wolkenwand
Mit der anhebenden Eilung, fahren nordwärts und südwärts
 übers Kliff und über
Den blau-spielenden Riesenopal. Unlängst erst überquerten nur
 sie allein ihn und die Wolken
Und die Sterne, die sich zum westlichen Himmelsrand neigen,
 doch dann
Schob sich um Kap Lobos herum ein Kutter unter voller
 Schot ... und heute verschwelen
Dampferschlote den Opalrand den lieben Tag lang; immer
 wieder behelligt ein Flugzeugmotor
Den Seewind mit seinem Herzstottern. Diese werden
 anwachsen, die anderen abnehmen, bis endlich
Auch sie sich vermindern; unser Pazifik hat Triftrecht
 eingeräumt
Der mittelmeerischen Fackel, reicht sie weiter nach Westen
 quer über den lichtzitternden Quellgrund der Frühe;
Und die nachfolgende Entvölkerung, die immer noch an Kreta
 zehrt,
Wird auch hier um sich greifen; einzig die flügel-flappende
 Schwärze der Kormoranzüge, die großen Segelflächen
Der Pelikane auf ihrem Herbstzug, die Bahnen der grauen
 Hochseemöwen
Werden den Riesenopal überfahren. Das Land wird befriedet
 sein wie die Wasserweiten; die Rastlosigkeit unsres Bluts
Wird nach Asien übergesprungen sein und alsbald Europa
Aufs neue bevölkern oder neue Bruten werfen unter dem
 Morgenstern: Was für ein Wanderer
Kehrt dann vogelfrei hierher zurück und erfaßt den Zyklus der
 Schwimmvögel mit einem Blick,

Den uralten meergemahlenen Granit und den einzementierten
Granit. Wer grüßt da meinen Geist,
Der hier aufblockt, Geist vom Geist des Granits?

Am Rand des Kontinents

Als die Erde von späten Schauern verschleiert, verwarpt von
nassem Mohn, frühjahrswittrig, um die Tagundnachtgleiche
Hob sich das Meer, gehorsam dem fernen Sturm und prallte an
seine Schranken, Grundseen durchdröhnten das granitene
Meerbett.

Ich, angesichts der Wälle aus Gischt und Granit, der festen
Gezeitenmarken, spürte im Rücken
Bergmassiv und Ebene, die ungeheure lichte Breite des
Kontinents, vor mir Massen und Doppelrund der Fluten.

Ich sagte: du verspannst die alëutischen Robbenfelsen mit der
Lava und dem Korallenblust des Südens,
Über deiner Wasserwölbung erblickt das Leben, das dem
Sonnenaufgang anhing, das unsre, das dem Abendstern
nachfolgte.

Die langen Völkerwanderungen begegnen sich auf deiner Kimm.
Dich kümmert's nicht, du hast uns längst vergessen, Mutter.
Du warst um vieles jünger damals, als wir auskrochen aus
deinem Schoß und auf der Wellenzeile lagen unterm
Sonnenblick.

Lang, lang ist's her; wir wurden stolz inzwischen und du
wurdest bitter; das Leben bewahrt sich von dir
Die regsame weiche ruhlose Spannkraft, es neidet dem Stein
seine Härte, die unnahbare Stille.

Wir haben die Gezeiten in den Adern, wir spiegeln noch die
Sterne, das Leben ist dein Kind, doch trag ich auch in mir,
Älter und härter als das Leben, und unbeteiligter, das Auge, das
da wachte, eh es noch einen Ozean gab.

Das wahrnahm, wie du dein Becken fülltest aus dem Beschlag
der leichten Dämpfe und wie du sie verwandeltest;
Das sah, wie du, weich und gewalttätig, rings deine Schranken
abtrugst, den Festlandsockel aßest und die Stelle
der Kontinente einnahmst.

Mutter, wenn auch das Zeitmaß meines Lieds dem urzeitlichen
Pulsen deiner Widerseen gleicht, hab ich das nicht von dir.
Eh es noch irgend Wasser gab, wogten die Feuerfluten auf der
Erde: unser beider Tönen kommt aus der älteren Ader.

Kap Joe

Kap Joe hat Zähne und zermalmte Schiffe, es hat wilde
weltabgeschiedene Pracht;
Wandre dort einen Tag lang, und nichts, was dein Auge dort
trifft, das dir nicht zum Gedicht wird.

Auf den Felsen sah ich die Schiffsplanken und Wanten von
manchem Wrack, sah hinter den öden
Strandhafersteppen die krumme windrissige Kiefern-Vorhut,
Gehölz und Stein überwölbt

Von einer Nebelglocke. Der Strandhafer ist um diese Jahreszeit
goldhell beschlagen und durchsprenkt
Von einem erdnahen Blümchen, Lenz-Fußblatt geheißen, das
aus abertausend Leuchtmarken

Mit seinem Streulicht das Gewände des Nebeldoms aufhellt. So
zogen wir
Durch ein verwunschnes Land, wo goldlohend das Licht aus
dem Erdreich hochschlug.

Noch jemand hielt sich dort auf: ein steinalter Chinese mit einem
Korb, der Seetang von den nassen Felsen
Sammelte und ihn zum Trocknen am Rand des Strandhafers
ausspreitete.

Es sind die dauerhaften Dinge, die ein Dichtwerk braucht,
Dinge von großer zeitlicher Ausdehnung,
Dinge, die sich seit eh und je erneuern oder die immer da sind.

Gras, das alle Jahre wiederkommt, wiegt das Gebirge auf
in seinem Anteil an Zukunft und Vergangenheit;
Modische und momentane Dinge sind kaum der Rede und
Wahrnehmung wert.

Der Mensch auf Nahrungssuche im feierlichen Angesicht von
Erdreich und Weltmeer,
An Küsten, wo Männer anderen Kalibers Schiffbruch litten,
unter dem Nebel- und Blumenflor

Wiegt auf den Berg in seinem Anteil an Zukunft und
Vergangenheit; jenes Erdleuchten
War nur ein Trick der Natur – man sollte ihr die tausend heiteren
Doppelsinnigkeiten nachsehn.

Credo

Mein Freund aus Asien hat mediale und magische Kräfte, er
pflückt ein blaues Blatt vom blauen Fieberrindenbaum,
Er heftet den Blick darauf, sammelt und sänftigt
Den Gott in seinem Innern und ruft ein Meer ins Dasein,
wirklicher als das Meer, das Salz, die sinnfällige
Ungeheure Gegenwart der Wasserwuchten.
Er glaubt, daß nichts vorhanden ist, es sei denn, wir selber setzen
es ins Werk. Ich, westlich des Kaukasus entsprungen,
Andächtiger, fand in meinem Blut Mystik von härterer Art.
Heerscharen sind zugegen meinem Sinn, jedoch der Ozean
unterm Schädeldom, glaub ich, ist nur
Der Ozean des Schädeldoms: dort draußen liegt gleichwohl
der Ozean aus eigner Kraft, die Wasser
Sind die Wasser, das Kliff *ist* Felsgestein, sei's wie es sei, Erdstoß
und Blitzstrahl der Leibhaftigkeit. Der Sinn
Ist hinfällig, das Auge blendet aus, der Geist nur eine Flucht
der Jahre;
Die Schönheit des Gegenständlichen entstand, bevor es Augen
gab, und sie genügt sich selber; die Schönheit, die
ans Herz geht,
Wird fortbestehn, auch wenn kein Herz mehr danach schlägt.

Wasserdunst

Unsichtbare Möwen mit menschlichen Stimmen schrein aus
dem See-Dunst.
»Ihr habt Spielraum, wilde Wesen,
Heroben im Wolkenflor; Schwinge und Schwimmhaut wissen
Von drei Elementen, hier aber
Ist einerlei nur. Schwinge und Schwimmhaut bewältigen es
Mit Kraft, die sich nicht verzehrt.« Ihr träumt, wilde Rufer,
Den Frieden, den alles Leben
Sich gefräßig erträumt, das unendliche Ich, das alle Umwelt
Einverleibt hat und ohnegleichen besteht,
Ungeschmälert, genudelt, als der alleinige Gott.
Cäsar und Napoleon agieren vor aller Welt
Ihren Traum von dieser Art Einsamkeit; Christus und Gautama,
Die da Gott sind, tilgen die Welt aus
Mit ihrer Sühne ... heilige Heißhunger ihr:
Der des Eroberers, der des Propheten,
Der des Liebenden. Hunger der Seeschnäbel, Hörige
des letztendlichen Friedens,
Anbeter der Einzigkeit.

Wissenschaft

Der Innenweltbürger, der Mensch, da er ein klein wenig,
Und nur im Flug, gekreuzt hat die Wirklichkeit der Dinge,
  gebiert Giganten
In diesem allerjüngsten Jahrhundert; doch wie ein Irrer verrannt
  in Eigenliebe und innerer Zwiespältigkeit,
Wird er an seinen Hybriden zuschanden.
In seiner Wahnwelt hatte er es nur mit kantenlosen
  Traumbildern zu tun;
Nun, da er Messer züchtete aus der Natur, kehrt er auch diese
  einwärts:
    sie freilich verschmächtigen sich zum Stich.
Sein Sinn beschwört den eigenen Untergang herauf,
Aktäon, den seine Hunde rissen, da er die Göttin
  nackend sah durchs Astwerk.
Ein klein wenig Erkennen, ein Kiesel von den Küsten, ein
  Tropfen aus den Meeren:
Wer hätt sich träumen lassen, dies unwägbare Quäntchen sei
  zuviel?

Vögel

Das wild-melodische Trillen von ein paar Rotfalken, die das
Vorland bejagen,
Bald wannen, bald losschnellen, Köpfe nordostwärts gestreckt,
Durchsticht silberflitzig die Schallwand der Brandung,
Die ihr Granit mahlt. Rotes Rückengefieder blinkt
Unter meinem Turmfenster, umfliegt die Steinecken, nichts so
tänzerisch, nichts so windfühlig.
Im Westen die alten grauen Seemöwen, die Wellenklauber,
Zu Wasser gelassen; Nordwest fegt ihre Fittiche auf
Zu den wilden Wirteln der Windtänze.
Gischt-fiedrig, luftscharf, spielt, Vögel, im hellen Wind, flieg
Windwahl,
Vergessen sind Eiche und Kiefernwald, stiebt, Möwen,
Hoch vom Sandufer Carmels und dem Anschlick der
Flußmündung, von Lobos und aus den unabsehbaren
Wuchten der Wassermassen, denn ein Gedicht braucht
Andrang, Getümmel, Schwärme von Einfällen, alle wild,
fleischfressend, trillend –
Helle Falken, die wannen und zustoßen und unschöne
Graue Hunger, flügge geworden in frecher Gier,
brackschleimige Schnäbel, steigend aus den scharfen
Uferklippen und den unheimlichen Wassern.

Apologie für böse Träume

I

Im Purpurlicht und Dämmer der Mammutbäume tauchen die
Hänge zum Meer hin,
Steile waldbestandene Rundrücken, eingehalten von der tiefen
Klamm. Drunten am Seekliff
Der einsame Aushau: ein kleines Maisfeld neben dem
Wildwasser, ein Dach unter verbleibenden Bäumen.
Dahinter der Ozean
Wie ein riesiger Funkelstein, scharfkantig, auf Glanz
geschliffen. Ganz hinten der Krater und Katarakt
Von unvorstellbarem Licht, hochwellend aus der
verschwundenen Sonne. In der Lichtung dort unten
Straft eine Frau ein Pferd ab. Sie hat das Halfter um einen Stamm
am Waldrand gezurrt, doch als die mächtige Peitsche
Sich der Kruppe anschmickt, bäumt sich das Tier auf, so daß sie
fürchtet, es könne sich losreißen; da ruft sie
Den jungen Mann aus dem Haus, ihren Sohn; der holt die
Gliedkette. Mit vereinten Kräften gelingt es,
Die kleinen rostigen Schaken um die Pferdezunge zu legen
Und das Tier mit der geschwollenen Zunge an den Baum
zu binden.
Aus dieser Höhe gesehn sind sie zu Insektengröße verkümmert,
Abseits von jedem menschlichen Maßstab. Von hier sieht man
das Blut nicht
Der Zunge austreten, wo die Kette befestigt ist,
Oder das Tier erbeben, nur seinen vorgestreckten Hals und die
ausgestellten Läufe. Man sieht die Peitsche,
Die auf die Flanken fällt, den ausholenden Arm, nicht
das Gesicht der Frau.
Das ungeheure Licht schlägt hoch vom Westrand, quer über die
Wolkenbänke des Passats. Der Ozean
Dunkelt ein, der oberste Wolkenstreif erstrahlt, die Hügel
löschen alle Farbe. Entfesselte unvorstellbare Schönheit
Legt sich über die Abendwelt, nein – tritt aus ihr hervor, da
Venus sich dort unten

Aus dem lichtgeströmten Himmel löst. Wie sagte der Prophet?
»Der ich den Frieden gebe und schaffe das Übel, ich bin der Herr.«*

II

Die Küste hier verlangt nach tragischem Geschehen wie alle schönen Stätten,
(Die Zahmeren verlangen nach stillem Leid: hier aber schreit das granitene Kliff, die knotigen Zypressenkronen
Nach was für einem Opfer? Wen von den Titanen erheischen die Gangstöcke aus rot-und-schwarzer Lava? Was für Brandopfer
Die Höhenrippen gleich gezackten Flammen hinter Soberanes und die furchtbaren Zinnen des kahlen Bergkamms unter der Sonnenglut?)
Die Küste hier verlangt nach tragischem Geschehen wie alle schönen Stätten: und weil die Leidenschaft des Menschensinns
Leid braucht wie Brot, Leid für Gott und viele Opfer, qualvollen Tod, entsetzliche Verklärung, sprach ich in meinem Herzen:
»Es ist besser zu dichten als zu dulden: erfinde Opfer,
Auf daß dein eigen Fleisch und Blut nicht als der Agonist erkoren werde, auf daß du selbst
Kein Lebewesen zum Blutzeugen der Küsten-Schönheit machest.« Und weiter sprach ich:
»Alljährlich sollen hier Rauchopfer steigen, um das Grauen
Von diesem Haus zu hexen, das du mit eignen Händen heroben
Über dem Meer errichtet hast, dem kleinen Haus neben den großen Wackersteinen,
Denn wer sind wir? – Das Tier, das aufrecht geht,
Mit Lippenlauten und spärlichem Haarwuchs,
Als daß wir glauben dürften, allezeit satt zu bleiben,
Heil und behaust, Herr unsrer selber? Wir – anfälliger

* Jesaja 45,7 Anm. d. Übers.

Als alle anderen Tiere. Schmerz und Schrecken und die
Umnachtungen unsrer Begierden sind keine zufälligen
Anwandlungen,
Sie drängen vom Wesenskern herauf.« Ich dachte Opfer aus für
diese Wölfe, formte Phantome für sie, daß sie die verfolgten.
Sie haben den Phantomen nachgesetzt, das Haus verfehlt. Es tut
nicht gut, wenn wir vergessen, über was für Schründen
Die Schönheit, die im Menschengeiste wohnt, zur Stille findet –
das Kelchblatt einer verlorenen Blume, das der
Nachtwind übermeer weht.

III

Steinblöcke brechen aus dem Grund des Vorlands wie das
stumpfgewordene Gebiß von einem Bären;
Ringsum ist alles Erdreich von Muscheln zugedeckt, die Seetier-
Feste eines ausgestorbenen Volks auf den Gezeitenfelsen.
Hier die granitnen Flanken sind gezeichnet von vorzeitlichen
Brandstätten, Geister der Ureinwohner
Kauern des Nachts neben den Geisterfeuern, sie suchen sich der
Sonnenwärme zu entsinnen.
Das Licht in ihren Himmeln ist erloschen. Sie haben dem
zukünftigen Glück des Landes
Ihren Tribut entrichtet. Solang wir Lebenden das alte Herzweh
noch in der Erinnerung hegen, wird ein Neid der Götter
Schwerlich unsern Untergang auslösen. Doch wenn die
Nachtseiten des Daseins uns aus dem Sinn geraten, fährt
Jäh ein Mahnstrahl nieder aus den Wolken. Zurückgerufene
Tode sollen uns erlösen,
Erdachte Menschenopfer unsere Sühne sein ...
Du Land der Schönheit, brenne abermals von Point Pinos hinab
bis zu den Flußadern des Sur,
Brenn abermals mit bittren Mahnzeichen und Wundern,
Erdreich und Ozean und Flußbett von Carmel.

IV

Er mahlt die Menschheit in dem Mörser und holt die Würze
Aus der wunden Wurzel: einer, der böse Träume hat, der
Blutopfer erfindet, ist nur der Affe dieses Gottes.
Er laugt es mit Tränen aus und vielen Wassern, schmilzt es mit
Feuer rein im roten Tiegel,
Verformt es, macht es sich selbst zum Greuel: der Geist entfährt
und tritt ihm nackt entgegen, er sieht den Geist
Und nimmt ihn sich im nackten Überschwang; der birst in seiner
Hand: zersprengt ist das Atom, die Macht, die es
zusammenhielt,
Schreit auf zur Macht, die da Sterne zwingt in ihre Bahn:
»Seht, ich bin heimgegangen zu mir selber.
Ich stieß mich wund im Flintsteinmörser, glühte mich aus
Im roten Feuertiegel, marterte mich und flog empor,
Ich trat heraus, entkleidet meiner selbst, und barst auf
in Partikel;
Nun bin ich hier und zwing die Sterne, die ich sind, in ihre
Bahn.«
Ich habe diese Wege, die Gott geht, gesehen: ich wüßte keinen
Grund
Für Feuer und Wandel und Marter und die alten
Heimsuchungen.
Er, der sich selbst genügt, könnte auch stillhalten. Ich meine,
seine Wege lassen sich nicht einsehn, es sind die Wege meiner
Liebe.
Maßlose Macht, unbändige Hingabe, ungeheurer Scharfsinn,
kein Denken wird offenbar, außer es schwelt
Halbwegs erstickt vom eigenen Rauch unter des Menschen
Schädeldecke – kein Denken zeigt sich außerhalb davon,
nur ein gewisses Maß zwischen den Phänomenen:
Die Katarakte der siedenden Gestirne, der Blumenflor des
Vorlands, die immer wieder lohenden Rosen der Früh.

Die Quelle (Auszug)

OREST:
Ich ließ den Wahnsinn dieses Hauses heute nacht zurück im Dunklen. Noch geht er neben dir.
Wie soll ich dir mitteilen, was mir offenbar ward? Deine Seele ist die von einem Häher oder Löwen, und dies Wissen liegt abseits deiner Denkordnung,
Ist eine fremde Sprache: Raubtieren und dem Blut der Könige ein blinder Vers im Buch.
ELEKTRA:
Zumindest können meine Augen schon den Morgen grauen sehn.
Sprich und verhöhn mich nicht.
OREST:
Nun denn, die letzte Mühe, die ich an das Menschsein wenden will:
Ich hatte ein Gesicht, sah uns im Dunklen gehen –
Was wir auch taten oder träumten, es betraf uns selber, der Mann stellte dem Weib nach, das Weib klammerte sich an den Mann,
Krieger und Könige maßen sich miteinander in der Dunkelheit – alle liebten oder haßten einwärts.
Das Netz der Gier hatt' jeden Nervenstrang zur Mitte hingespannt, wo sie um sich schlugen wie ein Knäuel Fische,
Alle verheddert in dem einen Garn.
Rückwärts blickend sehn sie nur einen Menschen, der am Anfang steht;
Und vorwärts: einen Menschen auch am Ende; aufwärts: Menschen, die durch den hellen bittren Himmel streichen und sich gütlich tun,
Götter nennt man sie.
Alle einwärts gestülpt,
Blutschande all eure Begierden,
Dem Weib die Natter, dem Mann die rosenrote Grotte,
Beide menschlich, beten sich gegenseitig an ...
ELEKTRA:
Du hast jämmerlich geträumt.

OREST:
Ich hab Menschenträume gesehn, nicht sie geträumt.
Ich erschlug meine Mutter...
ELEKTRA:
Und weiter nichts?
OREST:
... und das Tor steht offen. Das Grau brodelt über den Bergkamm.
Ich habe größere Verwandtschaft als unter einem Dachfirst lebt.
Sagte ich nicht, das würd dir dunkel bleiben?
Ich durchschnitt die Maschen, wie ein befreiter Falke steig ich auf. Heut nacht, da ich am Berghang lag, krank von Gesichten,
Entsann ich mich des Messers, das im Stiele meiner Menschheit stak: ich zog daran und es zerbrach.
In braunes Waldesleben trat ich ein, ins Hünenleben der alten Bergkuppen, in die Langmut der Steine.
Ich spürte das Rucken im Geäder der Bergkehle.
Wir haben unsere eigene Zeit, die nicht zu eurer stimmt.
Worte sind nicht gemacht, hinter die Dinge vorzustoßen, über Stunden- und Zeitrechnung hinaus,
Um alle Dinge aller Zeit zu sein, in ihrer Wiederkehr, ihrem Vorübergehn, in der reglosen Mitte ohne Zeit, in der Weißglut des Feuers ...
Wie soll ich die Herrlichkeit beschreiben, die ich fand, die keine Farbe hat als Klarheit,
Keinen Honig als Ekstase, nichts Geschaffnes und Erinnertes, kein Wünschen, das nicht Erfüllung fand, keine Leidenschaft als Frieden –
Die Flamme, weiß und rein, und feuriger als jede Leidenschaft.
ELEKTRA:
Hier ist der nackte Tod. Tod hätt ich
Als Triumph bezahlt, um dich als König in Mykene zu halten.
Dies aber ist ein Tod der Schande: sterben, weil ich dich verlor. Sie werden sagen:
»Als er Gerechtigkeit geübt hatte, wurde Agamemnons Sohn verrückt und ging verloren im Gebirge;
doch Agamemnons Tochter

Erhängte sich an einem Balken ihres Vaterhauses: O reiche
Hände der Gerechtigkeit!« Dieses Entsetzliche
Rückt auf mich zu wie wandelnder Stein.
OREST:
Was den Mund der Menschen füllt, das ist ein Nichts; und deine
Drohung ist ein Nichts.
Ich verliebte mich nach außen ... ich bin es,
Der wandelt wie Stein.
ELEKTRA:
Ich kann es selbst ertragen, dich zu hassen.
Doch das tut nichts zur Sache. Ich halt mich an die Stärke.
Du bist verloren.
Ich denke an die Ehre dieses Hauses – die Ehre Agamemnons.

Sie wandte sich und trat ins alte Haus. Orest ging in die klare
Morgendämmerung. Die Menschen sagen,
Daß eine Natter ihn hoch oben in Arkadien tötete. Doch jung
oder alt,
Der Jahre wenig oder viel, waren dem ein Nichts,
Der wissentlich den Turm jenseits der Zeit erstieg, der seine
Menschheit auszog und in die erste Quelle eintrat.

Strahle, krepierende Republik

Indes unser Amerika sich in der Schablone seiner
Gewöhnlichkeit setzt und langsam zum Weltreich gerinnt,
Indes der Protest, bloß eine Blase in der zähflüssigen Masse,
hochkommt und seufzend zerplatzt, indes der Brei erstarrt –

Entsinn ich mich mit ironischer Freude, wie die Blume welkt,
um zur Frucht zu werden, die Frucht zu Erde verfault.
Aus der Mutter und über das festliche Frühjahr zu Reife und
Moder, dann heim zur Mutter.

Ihr, die ihr hastet, beschleunigt nur den Verfall – nicht sträflich,
denn das Leben ist gut, ob von eigensinniger Dauer oder jäh
Von tödlicher Überhelle; Meteore gehören ebenso dazu wie
Bergmassive, strahle, krepierende Republik.

Doch was meine Kinder angeht, so möcht ich, daß sie Abstand
halten von der eindickenden Mitte; Zersetzung
Ist nie und nimmer ein Muß, wenn die Großstädte dem Moloch
zu Füßen liegen, bleibt uns das Gebirge.

Und Jungens, bewahrt nirgends so kaltes Blut wie in der Liebe
zur Menschheit, ein fixer Diener, unleidlicher Machthaber,
Denn das ist der Fallstrick, in dem sich die Selbstlosen verfingen,
der einst Gott, wie sie sagen, fing, als er auf Erden weilte.

Schiffe im Nebel

Sport und Parkettsicherheit, die Bühne, die bildende Kunst,
Die Faxen von Tänzern, die schwelgenden Stimmen der
Instrumentalmusik,
Verfangen bei Kindern – doch lassen es fehlen an Würde;
erst aus dem Todesernst
Entsteht Schönheit. Der Geist,
Mündig geworden, wird es gewahr.
Ein Nebelschwad auf einmal
Dichtet den Ozean ab. Motorenstampfen geistert darinnen.
Endlich, nur einen Steinwurf vom Land, zwischen Felsen und
Wehen,
Lösen aus dem Weglosen sich ein paar Schatten –
Fischerboote, eins in des andern Fahrrinne;
Sie halten sich dicht unterm Kliff zu ihrer Orientierung,
Steuern den Kurs auf Leben und Tod zwischen dem Nebel
auf See
Und der Gischt an den granitenen Klippen.
Nacheinand, auf der Kielspur des Leitboots kriechen sie
an mir vorbei:
Sechs, aus den Wehen heraus und wieder hinein;
Das Stampfen ihrer Motoren vom Nebel erstickt,
sacht und besonnen,
Tasten sie sich die Landzunge entlang
Zurück zu den Bojen im Hafen von Monterey. Pelikane,
Die im Verband fliegen, nehmen sich nicht erhabener aus;
Die Bahn des Planeten hat keine größere Würde; alle Kunst
Wird in Schatten gestellt von der ureignen Realität:
Den Lebewesen, die ihrem Unterhalt nachgehn, inmitten der
ebenso ernsten natürlichen Kräfte.

Vogel mit dunklem Gefieder

Du, in meinem Blut, Vogel mit dunklem Gefieder,
Der, wann immer ich einen Vergleich mit der Menge gefunden,
Nie, auf einen Augenblick nur, bereit war, das Zerwürfnis
 zu schlichten:
Es ist rührend, dein Behagen zu sehen, nun, da die Windin selbst
Aufsteht, die trübe Verheißung des Frühjahrs zu brechen.
Sind dies nun die aschgrauen Schwingen des Habichts –
 nichts als der Flügelschlag einer rappligen Schwalbe,
Schwank gebogt über Schneewächten am Grat und jähes
 Geklüft?
Armer Verfemter du, der nichts auf das Lob der Menschen gab,
 legst du nun also Wert auf ihre Ablehnung?
»Ihre Gunst«, sprach er, »war eine Langfessel,
Möchten sie doch so gut sein, mich zu hassen, das reißt mir
 den Luftraum auf.«
Auf Haß erpicht, mein armer Falke, ist beinah ebenso töricht,
Wie auf Liebe versessen zu sein – und viel mühsamer zu erjagen.

Stillmutter

Meist sitzt die alte Frau auf einer Bank vorm Haus und raunzt
Mit ihrer blutarmen, verschreckten Tochter.
Einmal traf ich sie an, als sie allein war in der Sonne und vor sich
hinkeckerte;
Sie sagte, sie habe früher mal, als junge Frau, droben gelebt
Im alten Farmhaus am Garapatas Canyon.
(Es steht jetzt leer, das Dach ist eingestürzt,
Aber die Blockhauswände hängen fest am Felsgrund;
die Mammutbäume
Sind lange abgeholzt, die Eichen blieben stehen;
Der Ort ist heute gottverlassener denn je).
»Als ich mein zweites Kind stillte, da fand mein Mann
Unter den Farnwedeln ein Rehkitz, einen Tag alt war's,
Das brachte er zu mir; ich setzte sein Geäse an die Brust,
Damit es nicht verhungerte, hatte ja Milch genug für drei.
He, wie der trank, der kleine Zuzler, und mir
Die kleinen Hufe wie Federkiele in den Bauch grub.
Ich hatte mehr Freude daran als an all den andern.«
Das Gesicht der Frau ist ramponiert vom Alter, furchig
wie eine Erdstraße
Von den Marktkarren, kleinlichen Sorgen und Verschleiß.
Sie ist heraufgetrieben worden an die Oberhaut der Dinge,
eine verdorrte Zelle,
Um nächstens von den greisen Augenbrauen der Erde
abgestreift zu werden.
Nun sehe ich, daß sie ehedem gelebt hat in dem Sog der
Blutadern,
Dem Wirbel der Welt und der Musik des Berges.

Traum nach dem Tod

Leise, mit sachten unsinnigen Fingern
Begann Zersetzung zu zasern und zupfen an dem unsteten
Haushalt
Der Hirnzellen; wie vor dem Sturm das erste gelinde
Atemholen des Windes im Wald
Durchs Blattwerk geistert und raunt, so sachte durchfuhr
die Ganglienzellen ein Raunen und Regen von dem,
Was sie in Kürze zugrund richten sollte. Oder, könnte man
sagen, das Hirn fing an, aus sich selbst zu glühn
im sternlosen Dunkel
Unterm toten Beinhimmel, so wie faulige Holzteile
vom Wegrand her glimmen, wenn warme Schauer
Den Boden des Nachtwalds durchfeuchten – als wärn sie
verschwommene Augen. So sachte schuf und erfuhr
Des toten Mannes Hirn, selbstleuchtend, seinen Traum.
Jahre zuvor
hatte ihm Nacht für Nacht
Von der Süße des Todes geträumt, wie ein hungriger Mensch
von Brot träumt. Nun aber machte Zersetzung
Den Vorgang rückgängig; er, der im Schlaf unter so mancher
Vermummung dem dunklen Erlöser gehuldigt,
Beging im Tode das Lebensfest über tausend Metaphern
von Formen und Farben. Was er sich je gewünscht
Zu tun oder zu werden, nun nahm es Gestalt an; jedweder Keim,
der gekappt und verkümmert gewesen, schlug üppig aus;
Funken der Gier, vor vierzig Jahren erglüht und erstickt,
gingen nun in Befriedigung auf.
Jenseits der Zeit, unbeirrt vom schubsenden Pulsschlag,
nur wirklich sich selber, von jeder Berührung
Des Wirklichen abgeschirmt, triumphierte der Traum und
führte aus verfloßner Erfahrung ein gegenwärtiges Paradies
auf, das sich
Im Zeitmaß des beschleunigten Abbaus übertrumpfte,
doch zunehmend absank – bis die Entzückung
Durch eine fahrige Fastnacht von Weib und Wein zusammenge-
schnurrt war zur bloßen Lust, Fleisch zu schlingen, und dann

Weiter zurückging auf eine Wonne ohne Bestimmung. Doch
schon setzten die Querverbindungen zwischen den
Nervennestern des Hirns aus,
So daß Träumer und Traum in tausendfaches Getümmel
aufbarsten und die entartenden Zellen
Bald unfähig wurden zu irgendeiner menschlichen
oder sonstigen Form des Bewußtseins.
Schmerz und Lust sind schwerlich von soviel Gewicht,
Daß sie eines Ausgleichs bedürften: dies Aufblinken
einer nachgeborenen Seligkeit, die der Verfall
Aberwitzig auf den zerspringenden Saiten spielt, wiegt
bei weitem nicht auf das Unmaß der Schmerzen zuvor.
Derartige Dissonanzen
Auf der Leidensskala des Menschen werden nicht aufgelöst,
es lohnt nicht der Mühe.

Todestraum des gefangenen Adlers

Als George ins Haus ging, den Revolver zu holen,
Stieg Michal weinend den Hügel hinauf,
Doch als er zurückkam mit dem Tod in der Hand,
Wollt sie nicht abseits stehn und sah alles mit an. Auf den
einen Schuß
Stob der große Vogel lautlos ans Dach seines Bauers
Und schlug an die Latten; er fiel und sah auf einmal
Klein und weich aus, plustrig in den gefalteten Schwingen.

Die Nerven der Menschen dämmern ein wenig weiter
nach ihrem Tod
Und verdröseln zu ihrem Frieden. Sie sind nicht sehr
entflammbar,
Und was in ihnen angelegt war, wird meist zur Lebzeit
verbraucht.
Für ihn sind es nur Siebe, durch die sein Verlangen ausläuft.
So kennt der Mensch
Viele Annehmlichkeiten und Gespräche, und seine Träume
sind darnach.
Doch die ungeselligen Vögel sind ein größeres Geschlecht;
Mit kalten Augen und heißem Blut. Das was zum Tod
emporsprang,
Als die eine Flügelspreite, raumgreifend, seine Welt
in Schwärze auslöschte,
War mehr als das weiche Bündel, das herunterfiel. Etwas war
entflogen. O eingehegtes Verlangen,
Wie das Hochblatt der brechenden Welle vom Wind durch-
trennt, oder die Flamme auftanzend vom Feuerpulk, oder
Ein wolkengespulter Blitz, jäh entrollt übers Himmelstief:
Ich, der ich ortsfest bin, kalt bis ans Herz, unfähig,
in Flammen aufzugehn,
Ich, dessen Blut sich wie Brackwasser im Felstümpel regt,
dessen Verlangen auf den Stein ausgerichtet ist,
wie sollt ich reden von dir?
Mich wird es hinabziehn zum tiefen Gesteinsgang.
Doch dieser hier stieg

Luftgewaltig über sein leeres Verlies,
Die rege Schwungkraft der Schultern zog die Spiralen seiner
Flugbahn
Weiter und weiter aus in schattenlosem Schlag,
Wie ein Haarstern, ausgeschleudert von der eignen Masse und
Kraft,
Die Nacht mit seinen Strahlnadeln durchsticht: so verbrannte
das Adlerbegehren
Zu meteorischer Freiheit und schraubte sich höher
Und höher, sah unter sich die Höhen-zerklüftende Schlucht
Seiner Gefangenschaft (die für Cawdor beinahe
Den Erdkreis ausmachte) wie einen steinalten Riß in der Mauer,
Lila-schattig und gold-gehöht; der Sprenkel dort
Auf der Sohle der Schlucht war der dichte Hochwald,
Das Sandkorn dort unten der Felsblock.
Ein Sonnenstäubchen,
Ein atomgroßes Zentrum der Kraft, von Eigenrauch umbäht,
Rannte und schrie in dem Spalt; es war Cawdor, die anderen
Menschen-Partikel gaben nicht genug an Gewicht oder
Lichtfang her,
Um dem Adlersinn ins Auge zu fallen.

Der steilte und brannte. Drunten der Ozean, der dem Ufer
auflag, spiegelnd,
Als wäre das riesige Schild des Mondes herabgesunken und rollte
lichtblank heran, Lippe an Lippe mit dem Festland. Dagegen
Standen die Höhenzüge, vielklüftig, zu einem einzigen
modellierten Massiv gerafft, ein transponierter
Adlerschrei aus Gestein, an dem sich die Meereswucht brach.
Der haken-geschnabelte, greiffüßige Schatten
Fühlte die Luft brodeln an seiner Kehle und erblickte
Tassajara, das Sonnenmaar im Gebirg, wo früh am Morgen
Das Damwild tanzt in den heißen Quelldämpfen,
Nun eingeebnet, sah den gezackten Bergrücken abflachen
hinter Chachagua,
Wo die Flüsse entspringen und der letzte Kondor verstarb,
Und sah einhundert Meilen gen Aufgang die Sierras aufdämmern
Mit ihren Schneegraten, die alsdann einliefen

Und sich der Erdwölbung anlegten.
Sah aus der Scheitelhöhe
und luftverdünnten Wüstenei des Raums,
Wo Meteorsteine sterben in grünem Feuer, wie der Abhang des
Ozeans sich westwärts neigte zum Perlmuttgürtel
des Morgens.
Indes der hinterste Nachtsaum auf Asien zurückte, sah er
unter sich den April-frohen
Kontinent; und sah, nun da die Zeit, dem Sein entzogen,
ringsum verebbte, wie die Adler ausstarben,
Sah mindere Geschlechter, Möwen und Krähen, ihre Welt
übernehmen: Ablösung in der Luft, so, wie am Erdboden
Weiße Gesichter die braunen verdrängten. Er sah auch die
Weißen entarten und die Braunen aus Asien zurückkehren;
Er sah die Menschen, die es lernten, den Falken zu überflügeln,
und es wieder verlernten: er sah sie die Erde übervölkern und
Sich wieder ausrotten, um in Höhlen zu hausen, versprengt und
einsam wie die Wölfe. Ohne Staunen, ohne Anteil sah er's,
Wachstum und Verfall in steter Aufeinanderfolge
und das Rückfluten der Gezeiten.

Mit dem Gesichtssinn seiner Art sah er den leibhaftigen
Archetyp des Lebens: selbstgetragen, ein schnabelscharfes,
fleischfressend Verlangen
Auf wetterweiten Schwingen – aber mit ausgestochenen Augen,
Augen, die nur Spundlöcher waren, aus denen
schwarzes Blut rann
Von den wüsten Höhlen hinab zur Schnabelspitze,
Das auf die Einöden des leeren Raumes tränte.
Und dennoch nahm das Große Leben seinen Fortgang; dennoch
war das Große Leben schön, das seine Niederlage
trank wie Wasser
Und seinen Heißhunger wie Speise schlang.
Nun erst verstand der Adlerschatten,
Daß Todwund-und-Gefangen-Sein nicht ausschließlich nur
seine Marter war.
Alles was lebte, war ja blutig und verstümmelt, geblendet und
gefangen,

An beiden Enden amputiert durch Sterben und Empfängnis,
    mit abgefeimter Qual
Des Ausbrennens der Stümpfe, um das Blut zu stillen, das immer
    wieder durch den Brandschorf trat; Leben war mehr
Als seine Forderungen, seine Fügungen; war wichtiger als seine
    Wehen und Wonnen –
Eine Fackel, um klaglos darin zu verbrennen,
    ein notwendiger Überschwang
Im eiskalten Getriebe der Materie,
Ein Sühnopfer des Weltalls. (Ich für mein Teil
Habe den Sommerstaub gehört, der schrie, geboren zu werden,
So wie nur je das Fleisch nach Stille schrie.)
Aufgehend in seiner Erfüllung ließ das Adler-Begehren
Das Leben hinter sich und peilte die Sonne an, seinen Vater.
Die großen substanzlosen Krallen griffen den Frieden als Opfer,
Unbändig, todbringend noch über den Tod hinaus,
    und rissen im Steilflug
Den Frieden wie ein weißes Reh hinan in einen Feuergrund.

Verletzte Habichte

Die gebrochene Flügelstange ragt aus der Blutkruste an seiner
Schulter,
Die Schwinge schleppt am Boden nach, eine gestrichene Fahne,
Nie mehr den Himmel ohne Ende einzunehmen, nur
ein paar Tage noch
Zum Leben unter Schmerz und Hunger: nicht Katze noch Kojote
Kürzt ihm die Woche, die er auf den Tod zu warten hat, für sie gibt
es auch unbekrallte Beute.
Unterm Eichengebüsch steht er und paßt
Den lahmen Schrittfall der Erlösung ab; des Nachts
entsinnt er sich der Freiheit
Und erfliegt sie im Traum, die Morgenstunden
machen ihn zunichte.
Er ist stark, und Schmerz befällt den Starken heftiger,
Ohnmacht ist ihm ärger.
Die Hunde kommen tagsüber und hecheln ihn
Von weitem, doch nur der Tod wird dieses Haupt je
in den Staub ziehn,
Die unverzagte Gegenwärtigkeit, die feindseligen Augen.
Der harte Gott des Alls ist manchmal gnadenvoll zu denen,
Die um Gnade flehn, mit den Hochfahrenden fast nie.
Ihr Menschen, die ihr zusammengluckt, ihr kennt ihn nicht
oder habt ihn vergessen;
Grausam und unberechenbar, der Habicht erinnert sich an ihn,
Herrlich und hart, Raubvögel oder Menschen, die
im Sterben liegen, erinnern sich an ihn.

II

Ich brächte eher, wärn die Strafen darauf nicht, einen Menschen
um als einen Habicht.
Aber dem großen Rotschwanzbussard blieb nichts als hilfloses
Elend
Aus dem Splitterbruch, der nicht mehr heilen konnte,
dem Fittich, in dem sich seine Zehen verfingen, wenn er lief.

Wir hatten ihn sechs Wochen durchgefüttert, dann
 ließ ich ihn frei.
Er wanderte über den Berg des Vorlandes und kam am Abend
 wieder, seinen Tod zu fordern,
Nicht wie ein Bettler, noch immer waren seine Augen
Bestückt vom alten unbeugsamen Hochmut. Ich machte ihm das
 bleierne Geschenk im Zwielicht.
Das was hinschlug, war gelöst, eulendaunig, weich,
 weibisches Gefieder, doch das
Was hochfuhr in rasendem Aufwind, ließ die Nachtreiher
 im überschwemmten Röhricht aufschreien vor Angst,
Eh es sich aller Wirklichkeit entlud.

Unterjochte Erde

Zu Fuß über die flachen Felder von Oxfordshire,
Wo das Auge nicht eine Klippe hat als Anhalt und nur kleine
Flintsteine
Die Scholle überflittern, wo beerenpralle Hecken
Am Abend vogelschrill sind. Ich sah den bleifarbenen
Novembertag aufgluten und niedergehn; ein Schwarm Kiebitze
Trudelte im Wiesengrund; Fasane, halbzahm,
Quoxten aus den Baumkronen. Unwillig dachte ich zurück
An den langen bronzefarbnen Bergrücken meiner eignen
Küste,
Wo Farbe eitel, Pathos kindisch, die herausgetriebene Form
alles ist,
Von der die Lichtpfeile abwinkeln, wenn die Sonne abwärts
fährt
Über den riesigen gewölbten Augapfel des Ozeans.

Das weiche fremde Zwielicht,
Blaß und verbraucht von all den Menschmillionen, behaubte
meinen Sinn.
Armes saniertes Erdreich, augendienerische Sklavin,
Wenn jemals wiederkämen die Moore und die dichten Wälder,
wenn Rotbuchen und eichene Wurzelknoten
Die Asphaltdecken der Straßen Londons sprengten,
Und wie vor alters nur ein paar verlorene Menschen
kauerten
An den Gratwegen, frierend, rings um kleine Feuer,
Indes die Wäldernacht sich legte übers Land, kleinlaut
Beim Heulen wilder Hunde dort, wo einst Städte standen,
Wärst du dann froh um deine Freiheit? Ich glaube, du wirst
nie mehr
Froh sein, so vermanscht bist du mit Menschlichem,
so knechtselig und umgemodelt.

Hier gibt es nur einen Weg: bergab und willenlos ins Grab.
Das fragt nach nichts als etwas Fettlebe zwischen den
Finsternissen,

Begnügt sich mit dem Gedanken, daß alles schon getan ist,
Was im Bereich der Menschenmöglichkeiten lag – so sollte ich
Vielleicht auch träumen unter dem Niemandsengel dieses
Halblichts.
Allein die nachhängenden großen Bilder einer Welt
ohne Vermenschlichung,
In der die Wellenberge von Gut und Böse erst im Steigen sind,
In der ihr Aufprall noch ungebrochen, ihre herzlosen
Leidenschaften noch nicht verlaufen,
Und all ihre Musik im Schoß der Zeiten ruht – sie
überdünen dies Grabmal.

Zweite Wahl

Der keltische Speerträger, der die erdbraune Tochter des
 Cromlech-Setzers übermannt,
Der blonde Sachse und Britenschlächter,
Der sein Gehöft hart an das Weichbild des Dorfes baut, das
 er gebrandschatzt hat, der nordländische
Freibeuter, handfertig mit Ruder- oder Schwertblatt, der
 seinen Weg fädelt durch die Schären des auslaufenden Fjords,
Von geierhafter Gier getrieben,
Der nimmersatte gälische Häuptling in Ulster,
Dessen Blut mit dem der Wikinger modert auf dem
 regennassen Hochmoor –
Diese sind nach der Weltuhr deine nächsten Vorfahren.
Und du, du bist ein Verseschmied. Das lahme
Gelechze nach der irdischen Schönheit auf dem Papier ist
 (falls kein hochaufgeschoßner Engel kommt, es von dir
 zu heischen) eine recht laue Lustbarkeit.
Wenn aber, karfunkelneu, aus Gottes Auge ein Engel –
Und die Taumel des tumben Blutes sich reichlich tölpelhaft
 ausnehmen
In dieser ganz anderen Welt ... doch schreib und halt reinen
 Mund.

Aufrüstung

All diese großen unheilvollen Läufe auf den Tod zu:
das Pathos der großen Massen
Macht Mitleid zu Unfug, das Mitleid, das ins Mark geht,
Für die Atome dieser Massen, die einzelnen, die Opfer.
Ihr Anblick macht die Bewunderung
Für die verhängnisvolle Schönheit, die sie aufführen, zu
etwas Heillosem.
Und doch ist's schön: wie ein reißender Strom oder wie
Gletschereis
Am hochgelegenen Felsjoch, das langsam seinen Lauf nimmt
Und einen Wald ausroden wird, oder wie Rauhreif
im November,
Der den gelb-flackernden Totentanz der Blätter auslöst,
Oder ein Mädchen in der ersten Liebesnacht, das küßt
und blutet.
Ich ließe diese meine rechte Hand langsam verkohlen,
Könnt ich dadurch die Zukunft abwenden ... und täte doch
nicht gut daran. Die Herrlichkeit des neuzeitlichen Menschen
Liegt nicht im einzelnen, sondern
Im Rhythmus, dem unheilvollen schweren Schrittmaß
Der traumbefangenen Massen in ihrem Tanz zutal,
den dunklen Hang hinab.

Der mörderische Falke

Versenkung – ja, das wär ein Leben; streng eingehalten sei's,
nichts als
Die Augenhöhlen in dem Schädel, die Wüstensonne
aufzufangen –
Zu inbrünstig dem Fleische irgend Raum zu geben, Frohlocken,
Einsam aus dem weißen Bein.
Die reine Tat – das wär ein Leben; getrieben auf die Spitze sei's,
Hart zwischen Hals und Schneide.
Wem immer der Tod nach seinem Herzen ist,
Der ist der Mann für so ein Leben.
In wohligem Frieden, in Geborgenheit,
Wie bald entschläft die Seele da dem Menschen.
Dann wird er spähen himmelan über den Ochsenstall
Und wird dem mörderischen Falken neid sein.
Dann wird er scharren unter der Streu nach einem spitzen Stein,
Um sich damit ein Leid zu tun.

Regen in der Ferne

Wie weinende Frauen im schwarzen verschleierten Flor
Ziehn ranke hochragende Regenstürme über die Kimm vorm
  Hintergrund grauer Wolken.
Das Meer ergrünt, wo der Fluß einströmt, es ist
Fahlgrau zwischen den Landspitzen, violett zu Füßen
  der Frauen.
Was haben sie im Sinn? Und wen beklagen sie?
Der Staub welches Helden, beidhändig gehalten, ist in der Urne
  unterm Schleiertuch?
Titanin auf Titanin, hoheitsvoll und
Zärtlich, trägt ihr erhabnes Leid vorüber:
  die Schönheit der verlorenen Schlacht.

Bei grauem Licht besehn

Wahr ist's: lang vor dem Menschen und Weltzeiten nach ihm
stampft die pazifische Brandung
Wohlgemut auf die zerrammte granitene Trommel;
Aber da ist kein Sturm, die Vögel sind still, kein Lied,
keinerlei Überschwang,
Nichts das leuchtet, nichts das erlischt,
Weder Freude noch Leid, keine Seel, die's anficht,
der Sonnenzahn steckt in der Wolkenscheide,
Das Leben ist wunschlos wie Stein.
Außer Kraft gesetzt all die Wechselfälle von Zeitlauf und
Zeitwende, aufgehoben
Des Überlebens notwendige Grausamkeit, Vergnügen, Liebe,
Wut, Schmerz und das siebenseltsame Streben nach
dem Erkennen.
In dem wolkigen Licht, in der zeitlosen Stille
Sondiert es sich tiefer als bloß zu den Nerven, dem Herzen
und Schoß der Natur oder dem Seelengrund:
Man trifft aufs taube schlohweiße Bein, auf die Trefflichkeit.

Meditation in der Silvesternacht

Wankend heim. Lavieren zwischen Bachbett und Bäumen,
elender Zecher.
Scheheluchzt ein Lied und lallt
Etwas vom Ende der Welt. Mond ausgebrannt wie Troja
überm Wolkenflug. Der Sturm
Steht wieder auf, der Bach steigt. Mond, wie das eingeäscherte
Kathargo, wie die geschleifte Bastille.
Geldleute und Weltmächte leben noch immer im Wohlstand,
Menschen schlafen in Kerkerzellen.
Saturn, der Greis, meint, es war besser zu seines Urahnen
Lebtag, doch *der* Schluß
Kommt aus verkalkten Schlagadern. Es wird weder besser
noch ärger.
(Mein Lieb, den Falken, kennt niemand.)
Phantomfickerig, leicht überspannt, etwas absurd
war es von jeher, das lebende Wesen;
Ohne rasche Entartungserscheinung, kaum wahrnehmbare
Abstriche nur an Auffassungs- und Tatkraft –
So paßt es sich seinem Kultursubstrat an.
(Niemand erklimmt den Reagenzglas-Rand,
Mein Lieb, den Falken, kennt niemand.)
Der Stern steht auf seinem Berg, der Bach quarzt
im Überschwall, der hirnbrütige Säufer
Kreuzt die Mitternacht und brabbelt ins Bett.
Die unmenschliche Würde, die ekstatische Schönheit,
die unbeirrbare Standfestigkeit der Dinge
Hält seine vier Bettpfosten aufrecht.
(Mein Lieb, den Falken, kennt niemand.)

Das Beutelnetz

Unsre Sardinenfischer laufen nachts aus, im Mond-Dunkel;
doch ob Tages- oder Mondlicht, sie wissen nicht,
Wo sie das Zug-Garn legen sollen; der Phosphorglanz
der Fisch-Schwärme ist schwerlich auszumachen.
So durchkämmen sie das Meer von Monterey nach Norden, von
Santa Cruz die Küste lang, bis, auf der Höhe
von New Year's oder Pigeon Point,
Der Mann am Auslug ein paar milchblaue Lichtlachen sichtet
im Nachtpurpur der See. Er deutet darauf, der Steuermann
Wendet den dunklen Bug, das Motorboot umzingelt den
schimmernden Fisch-Schwarm; ausgefahren das Zug-Garn,
der Kreis geschlossen,
Wird die Schnürleine angezogen, das Netztuch mühselig
aufgeholt, Hand über Hand.
Kaum zu beschreiben
Wie schön das Schauspiel ist – und etwas schrecklich –
wenn dann die Fischlein, so drangvoll eingeengt,
Merken, daß sie gefangen sind und wild von Netzwand zu
Netzwand hinschnellen. Indes ihr Schicksal sich
zusammenzieht, rühren sie
Das weiße Phosphorlicht des Wassers in ein Feuermeer,
ein jeder schlanke Fischleib flammenverschalt,
ein Feuerwerkskörper,
Zieht einen Funkenstreif von klarer gelber Lohe nach; Seelöwen
tauchen auf rings um die angezogene Obersimm
Und um die Flotten, um es mitanzusehn und stöhnen
aus dem Dunkel.
Die ungeheure steile Wand der Nacht
Ragt auf bis zu den Sternen.
Jüngst blickte ich von einer nächtlichen Bergkuppe
Auf eine große Stadt und sah das Farbenglitzern,
die Milchstraßen der Lichter: wie hätte mir da nicht
das Beutelnetz einfallen sollen, das jene
Leuchtenden Fischleiber einfing? Kaum zu beschreiben,
wie schön die Stadt erschien – und etwas schrecklich.

Ich dachte bei mir: wir haben die Maschinen
gekuppelt ineinander und alles verzahnt zu allseitiger
Abhängigkeit;
wir bauten die Großraumstädte. Nun
Gibt es keinen Ausweg: Wir haben die Menschmillionen
zusammengezogen, unfähig in Freiheit zu überleben,
Abisoliert vom starken Erdreich, jeder für sich ohnmächtig,
allseitig abhängig von allen andern. Der Kreis ist geschlossen,
Und das Zug-Garn wird eingeholt …

Bruderkrieg (Thebaïd)

Wie viele fallen zurück in Tagträume und Zauberformeln,
wie viele Kindlein
Laufen heim zu Mutter Kirche, Vater Staat
Und finden in ihren Armen Nestwärme und
ein Seelen-Muschelleben.
Das Jahrhundert erlahmt in seinem Schwung und schwenkt ein
ins Gehabte.
Es ist die Zeit des neubelebten Glaubens: Christus sprach,
Marx schrieb, Hitler sagt,
Und ob es noch so abersinnig klingt – wir glauben.
Verzagte Kindlein: freilich, Erwachsensein ist einsam,
da braucht ihr einen Vater.
Ein bißchen Übung nur, dann könnt ihr nach Belieben glauben.

Glauben feiert Urständ, herrlich, furchtbar, lachhaft;
Der Mensch ist neuerdings bereit zu töten und zu sterben
für den Glauben.
Bald sind die Glaubenskriege wieder über uns; Jahrhunderte
ist's her
Seitdem die Luft so flirrig war, so aufgeladen von Haß
und Gläubigkeit.
Demnächst wird einer, der seine Hände rein zu halten sucht,
Wohl eine Höhle finden müssen im Gebirge oder sich
eine Zelle baun
Aus rotem Wüstenstein unter verdorrten Wacholdersträuchern.
Er wird die Menschen meiden müssen und sich
den friedfertigeren Wölfen zugesellen
Und glücklicheren Raben, um abzuwarten, bis die Zeit
zur Neige geht.

Einsiedel aus der Zelle von Stein,
Starrst mit entgeistertem Blick,
Was für ein unfaßbares Ding
Füllt deine Augen mit Licht,
Was für ein irrer Glanz, ein Ruhmesflug oder Gesicht?

– Ich schau den Sonnenaufgang, den Untergang,
Und den herrlichen Wüstensand
Und das Sternenfunkeln bei Nacht,
Schau der Dinge unsägliche Pracht.
Ich bin der letzte Mensch, der noch lebt,
Für den Erde und Luftraum bestehn,
Für den Leben und Tod wirklich sind.
Die andern, Propheten und Eiferer allesamt,
Sind in Delirien des Glaubens verrannt.

Die Antwort

Was aber bleibt uns dann? – Die Träume nicht für wahr
zu nehmen.
Sich klar sein, daß die Hochkulturen stets in Gewalt entarten
und in der Herrschaft von Tyrannen, wie sovielmal zuvor.
Da, wo die offene Gewaltherrschaft ihr Wesen treibt, sie mit
Anstand zu meiden oder das geringste der vorgegebenen Übel
wählen.
Sich selber treu bleiben, Mitleid üben, sich nicht anstecken
lassen und nicht hereinfallen
Auf Träume von weltweiter Gerechtigkeit und allgemeinem
Glück. Denn solche Traumbilder zerrinnen schnell.
Dies alles im Bewußtsein halten und dennoch eingedenk sein,
daß – wenn auch die Teile abstoßend erscheinen – das Ganze
seine Schönheit wahrt. Eine abgehackte Hand
Ist eine wüste Sache, und auch der Mensch, der sich abschnitt
vom Erdreich, vom Himmelslicht, von der Geschichte ...
ob in Gedanken oder in der Tat...
Erscheint oft als ein Zerrbild. Integer sein heißt Heil-Sein,
alle Wohlgestalt beruht
In der organischen Einheit, der Einheit des Lebens und der
Dinge, der Göttlichkeit des Weltganzen. Daran hänge dein
Herz, nicht an den Menschen
Als etwas Abgesondertem, sonst fängst du dich in seinen
heillosen Widersprüchen, gehst in Verzweiflung unter,
wenn seine Nacht hereinbricht.

9. September 1939

Heut morgen hielt Hitler in Danzig eine Rede, wir hörten
seine Stimme.
Er hat Genie, will sagen, staunenswertes Können,
Mut und Hingabe, darunter die Seele eines kranken Kindes.
Wir hörtens laut und deutlich durch das Wutgejaule.
Ein krankes Kind
In Danzig, das plärrt, nach Rache flennt und heult.
Hier war der Tag glutheiß, am Mittag
Stäubte ein Südwind wie ein Hauch vom Höllenschlund
etwas Regen
Auf das verdorrte Land. Dann gegen fünf ertanzte das Haus
Von einem leichten Beben. Ohne Schaden. Heut nacht vertrieb
ich mir die Zeit,
Indem ich zusah, wie der rote Mond hinabglitt in die schwarze
See unterm Geflacker trockner Blitze und bei fernem
Donnergrollen.
Wohl, dieser Tag war ein Gedicht, doch leider zu sehr wie eins
von Jeffers, greulich von zuviel Blut und böser Vorahnung,
Durch Mark und Bein dringend, unmenschlich
wie ein Habichtschrei.

Der Ahnherr*

Es ist nicht schlecht. Laßt sie nur spielen,
Laßt die Kanonen röhren und die Bomber
Ihre beckmessernden Blasphemien aufsagen.
Es ist nicht schlecht. Die Zeit ist fällig.
Gewalt ist aller Werte Vater immer noch.

Wer als der Wolfsfang formt die Flanken
Der leichtfüßigen Antilope.
Wer als die Furcht flügelt die Vögel. Wer als der Hunger
Bestückt das Haupt des Hühnerhabichts mit Juwelenaugen.
Gewalt war aller Werte Vater eh und je.

Wer dächte noch der Züge Helenas
Ohne die starre Strahlenkrone all der Speere?
Wer machte Christus? Nur Herodes
Und die mörderischen Siegeszüge Cäsars.
Gewalt ist aller Werte blutbefleckter Vater.

So weint nicht, laßt sie immer spielen,
Gewalt, der greise Vater, mag noch neue Werte zeugen.

* Heraklit hatte den Krieg den »Vater aller Dinge« genannt.
Fragment 59,63,63a. Anm. d. Übers.

Gottes Exzesse

Ist es nicht an dem Übermaß, woran wir
Unsern Gott erkennen? Denn etwas tun, das not ist,
Liegt rein in der Natur, ist animalisch, mineralisch: aber
Perlmuttbrücken über den Regen schlagen
Und Märchenglanz über den Mond, heimliche Regenbögen
In den Schulp der Tiefseemuschel legen
Und den notwendigen Beischlaf der Fortpflanzung
Zu Feuerschönheit anfachen,
Daß selbst das Unkraut sich nicht ohne Blüte mehrt,
Daß Vögel sich nie ohne Lieder reihen:
Es liegt die große Menschlichkeit im Mark der Dinge,
Das Übermaß der Güte, das zum Menschen spricht
Und das auch ihm zukäme –
Wenn Macht und Wünschen sich vermählen ließen.

Kassandra

Das wahnwitzige Mädchen mit den starrenden Augen,
die Finger, lang und beinig,
In die Steine der Mauer gekrallt,
Das Haar sturmverfilzt und gellend der Mund: was macht es
schon aus, Kassandra,
Ob die Menschen
Deinem bitteren Springquell glauben? Freilich, die Menschen
hassen die Wahrheit,
Sie würden lieber einem Tiger auf der Straße begegnen.
Darum versüßen die Dichter ihre Wahrheit mit Lügenhonig;
auch Religions-
Hausierer und Politiker
Schütten neue Lügen auf alte aus ihrem Faß und
werden gepriesen für ihre freundliche Weisheit.
Armes Luder, sei klug!
Nein: du willst weiter in deiner Ecke stehn und mümmeln,
eine Kruste Wahrheit zwischen den Zähnen,
Menschen und Göttern zum Ekel

– Du und ich, Kassandra

Quia absurdum*

Sichert euch vor dem unheimlichen leeren Licht des Weltraums,
dem bodenlosen
Becken der Sterne. (Laßt euch belichten davon: vielleicht
lernt ihr etwas dazu.)

Sichert euch vor dem Erkennen der angeborenen
Niederträchtigkeit von Mann und Weib.
(Laßt euren Sinn belichten davon: vielleicht
lernt ihr etwas dazu.)

Glauben, das räumen sie jetzt ein, ist Aberwitz, ein reiner
Willensakt. Ob ihr den christlichen Lämmerpferch wählt,
Oder den kommunistischen Rattenkampf: der Glaube
vermummt euch das Haupt vor den menschenvertilgenden
Sternen.

* Credo, quia absurdum (Ich glaube es, weil es widersinnig ist), eine Abwandlung von Tertullianus *De Carne Christi* 5 J. P. Migne, *Pat. Lat.*, Paris 1844, 806:
Et mortuus est Dei Filius; prorsus credibile, quia ineptum est (Und gestorben ist Gottes Sohn; das kann man nur glauben, weil es ungereimt ist). Anm. d. Übers.

Das Auge

Der Atlantik ist ein sturmdurchtoster Teich; das Mittelmeer,
Die blaue Lache in dem alten Garten,
Hat fünfmal tausend Jahre lang
Opfer von Schiff und Blut geschlürft
und schimmert in der Sonne.
Doch hier am Pazifik
Sind Schiffe und Flieger und Kriege fehl am Platz.
Nicht unsere jetzige Blutfehde mit den tapferen Japanern
Noch irgendein künftiger Weltzwist des westlichen oder
östlichen Menschen
Noch die blutige Wanderung der Völker, die Machtgier
und die Schlachtfalken,
Sind ein Staubkorn auf dieser großen Waagschale.
Hier an der bergigen Küste, wo Hügel auf Hügel
delphinengleich
Durch den Seedunst ins silbrige Meer taucht:
Sieh den riesigen Abhang des Wassers im Westen – es ist
Die Hälfte des Erdballs – dieser Dom, diese Halbkugel,
dieser vorgewölbte Augapfel des Wassers,
Spannt sich nach Asien hinüber,
Nach Australien und der weißen Antarktis.
Dies sind die Lider, die sich nimmer schließen,
Dies ist das schlaflos-starre Auge der Erde,
Und was es betrachtet, sind nicht eure Kriege.

Adlerkühnheit, Spatzensinn

Unseliges Land, was für Schwingen du hast! Selbst hier:
Nichts Wichtiges zu beschützen und ozeanfern vom nächsten
  Feind: was für Wolken
Von Bombern verblüffen das Küstengebirge!
  Was für Hornissenschwärme von Jägern!
Und Tag und Nacht das Übungsballern der Geschütze.

Unselig, Adlerschwingen und Schnabel, Spatzensinn.
Weint (es ist oft so bei menschlichen Dingen), weint
  um die schreckliche Pracht der Mittel,
Die alberne Unzulänglichkeit der Gründe, das blutige und
  billige Pathos der Folgen.

Die Zeit, die da kommt

Kein Zweifel, es kommt eine Zeit,
Da auch die Sonne stirbt und die Planeten erfrieren.
Die Lufthülle wird erstarren; gefrorene Gase,
Weiße Flocken aus Luft, ein Staub, den kein Wind je bewegt:
derselbe Staub, der im Sternenlicht flirrt,
Ist erstorbener Wind, weißer Leichnam des Windes.
Auch die Galaxe wird sterben; die glitzernde Milchstraße,
unser Weltall, all die Sterne, die wir bei Namen kennen,
werden tot sein.
Die Nacht ist steil. Wie bist du gewachsen, Nacht, erhaben
auf deinem Gang durch die leeren Welträume.

Vierter Akt
(geschrieben im Januar 1942)

Weil ihr einfache Menschen seid, freundlich und sentimental,
weil ihr bautet auf einen Mann an der Spitze und Lügen geglaubt habt,
Weil ihr bescheiden seid und die rattenhörigen historischen
Grabmäler Europas überbewertet, seid ihr ein zweites Mal

Verraten und verkauft. Kämpft jetzt, seid wagemutig,
seid grausam, blutig, erbarmungslos, steht euren Mann.
Es ist schändlich, einen sinnlosen Krieg zu führen, schändlich
der Wagemut, schändlich der Sieg – doch schlimmer,
besiegt zu werden.

Aber fürchtet das nicht. Die kleinen landumgrenzten Nationen
sind überaltert, und die Inselweltreiche lösen sich auf;
Nur massive Kontinente geben heutzutage
den Bomberverbänden Halt in der ungeheueren Wölbung
des Luftraums.

Es ist die zweite Szene, der vierte Akt der tragischen Posse
*Das Politische Tier**. Der Held kommt an den Höhepunkt
Und verheert den ganzen Planeten; kaum die Insekten, nur
vielleicht die Bakterien hatten je soviel Macht.

Kein gutes Stück, doch man erkennt die Absicht des Autors –
anzuekeln und zu bestürzen. Das tragische Thema
Ist Patriotismus; die Hanswurstiade heißt Massenmord. Er
möchte die Menschheit abbringen von ihrer Verranntheit

In die Menschheit, *a riveder le stelle***. Er wird die Greuel dick
auftragen müssen; und wird euch in tausend Jahren
Nicht überzeugen: und doch ist das alles nur ein hirnbrütiger
Einschub im Lebensplan des Planeten.

* Aristoteles nannte den Menschen »zoon politikon«: das »politische Tier«
** Zitat nach Dante: »um die Sterne wiederzusehen.« Anm. d. Übers.

Historische Wende
(geschrieben 1943)

Stark genug, um neutral zu bleiben – wie nun erwiesen,
da Amerikas Macht
Von Australien bis zu den Nebelmeeren der Alëuten,
von Hawaii bis Afrika auf allen Winden reitet – wir wurden
fehlgeleitet
Von Furcht und Finten, von unsern Sprüchemachern im Amt
und der Ruhmsucht eines hochgelobten Präsidenten,
Bis wir uns mengten in die Fieberträume des verbrauchten
Europa. Wir hätten den Frieden erzwingen können,
sogar noch, als Frankreich fiel. Aber
Wir zogen es vor, uns zu binden und den Krieg anzuschüren.

Actum est. Nun gibt's kein Zurück.
Heut in zwei blutigen Sommern (denk ich) müssen wir wohl
den Fluch und die zerrüttende Last des Sieges auf uns nehmen.
Wir werden die halbe Erde auf den Händen haben, krank sein
vor Selbst-Ekel,
Und verhaßt bei Freunden und Feinden – die halbe Erde – oder
wir lassen sie fahren und gehen mit ihr zugrunde.
Dies ist eine Bürde, der wir nicht gewachsen sind. Wir sind keine
Römer oder Briten, keine geborenen Weltbeherrscher, keine
»Herrenmenschen« vom Instinkt her und müssen's doch auf uns
nehmen. Denn wer das Verhängnis auf den Mund geküßt und
die Lampe gelöscht hat – muß ihm beischlafen.

Jenes Volk sind wir selber

Ich habe den Krieg verwünscht, die Lügner verabscheut, die
 Ängstlichen ausgelacht
Und unsern Sieg vorausgesagt, ließ mich nie irre machen.
Doch nun, nicht auf lange Sicht, über die Hucke einiger
 hinhaltenden Jahre, türmt sich bereits
Des nächsten Weltkriegs Wettersäule aus Staub und Feuer
An den Himmelsrändern empor: Es liegt auf der Hand –
 auch uns mag blühen, was andere erlitten,
Das wüste Grauen der Niederlage,
Und wenn nicht im Nächsten, im Übernächsten. Blickt darum
Auf Deutschland und lest eure Zukunft. Freilich, wir dächten
 gern, daß unsre Weiber
Wie kämpfende Ratten im Keller verenden würden,
 unsre Männer wie Wölfe im Gebirg:
Doch es wird nicht so sein. Unsre Männer werden schimpfen,
 katzbuckeln, gehorchen;
Unsre Frauen sich ausziehn vor dem grinsenden Sieger
 für ein paar Riegel Schokolade.

Morgengrauen

Schwarz ragt der Berg in den ergrauenden Himmel;
einzig der Morgenstern
Treibt in dem fahlen Luftmeer. Herunten ist noch tiefe Nacht;
die Brandung glänzt auf an den Schären.
Überm Westwerk ist Nacht – die großen lichtlosen Gehänge
des wintrigen Himmels. Orion mit seinem Hund schreitet
nach Norden
Übers dämmrige Meer. Nichts auf Erden, noch vielleicht in dem
Himmelstief ist so rein, so ersehnenswert
Wie diese Stunde und Stätte.
Aber der Bruch bleibt. Daß Fels
Und Meer und Luftraum so beschaffen sind, der Mensch aber so
wie unsresgleichen. Das verrät eine schleichende Krankheit.
Zwar wir entziehn uns zuweilen,
Doch unterm schamlosen Flutlicht von Krieg und Frieden,
Verbrechen und Lügen, den Tages-Nachrichten
(Man sollte sie wohl nicht anhören, allein auch das wär eine Art
Verrat) nimmt unser Leben sich wie eine einzige Eselei aus.
Hoch überm Morgengrau, riesig und sperrig, zeichnet sich der
Umriß eines kranken Esels ab. Er wird zu Tode geknüppelt.

Betrachtungen über einen menschlichen Schädel

I

Hier ist der Schädel eines Menschen: Gedanken und Gefühle
Zogen unter dem dünnen Beinhimmel dahin wie Wolken,
Die sich unterm Blauen ballen: Liebe, Begierde, Schmerz.
Wetterwände der Wut und weiße Windgallen der Angst
Hingen sich hier ein; und manchmal glitt der absonderliche
  Drang,
Werte und Ziele und Ursachen auszumachen
Über die Bilder hin, die dies Bewußtsein füllten, so
Wie ein Fernaufklärer – viel hat er nicht erkundet.
Und nun ist alles leer, blieb nur das hohle Beinrund, wie eine
  ausgeblasene Eierschale.

II

Darauf läuft es hinaus, denn auch das Ei hat ein Bewußtsein.
Das schafft, was unsere gewieften Chemiker nie schaffen
  werden,
Es baut den Leib des Küchleins, wählt aus dem Nahrungsdotter
  Proteine:
Das für die jungen Flügelspeichen, das für das große Augenklar,
Das für die irrwischigen Nerven und das Hirn –
Es teilt ein und gestaltet: eine begrenzte, doch übermenschliche
  Intelligenz.
Die gleicherweis der Zukunft inne ist und der Vergangenheit.
Das Habichtei wird einen Habicht bauen, das Schlangenei
Die windelige Schlange – doch jedes Individuum ein weniges
  verschieden
Von den Ahnen. Und langsam, indem es sich bewährt, bildet
  die Gattung
Eine neue Gattung, denn eben das gehört zum Plan,
Der angelegt im Ei war. Ich glaube, daß die erste Lebenszelle

Das Echo aller Zukunft in sich trug und eine Steuerung
verspürte:
Das Großwild und den tiefen grünen Forst
Und die Wal-Wechsel auf der raumen See; ich glaube,
daß das Erden-Ellipsoid seine Bruten
Nicht ganz auf gut Glück und von Ungefähr ablegt,
Daß es vielmehr tastet und einteilt. Und die Galaxe,
das Feuerrad,
An dem wir festgemacht sind, die Sternentrombe, in der unsere
Sonne ein Staubkorn ist, ein Elektron,
dies Riesenatom unseres Weltganzen.
Ist keine blinde Kraft, sondern lebt aus sein Leben auf
einbefohlener Bahn. »Alle Erscheinungen sind gotterfüllt,
Winter und Sommer, Tag und Nacht, Kriege und Frieden.«*

* Heraklit, Fragment 76. Anm. d. Übers.

Tiere

Vor Tag entdeck ich einen Pulk von Seelöwen
In der schwarzen Grund-Dünung zwischen Fels und Kliff;
Die scharfen Flossen aufgereckt oder die großgeäugten Köpfe,
 so lassen sie sich schaukeln von den Seen,
Größer als Karrengäule und wie Hunde bläffend
Den nachtlangen Gesang. Man möcht nicht meinen,
Daß Leben, so nah verwandt dem menschlichen, denkfähig,
 warmblütig, sich fleezen könnte, nölig und gröhlig,
Im wintrigen, eiskalten Meer. Bald tränkt die gelbe Früh
Den Himmelsrand im Süden – ich denke an die rasenden,
 zuckenden Leben in der Sonne.
Die haben kaum etwas gemein mit unserem; sie haben nichts
 zu tun mit Sauerstoff und Salzwasser. Sie würden uns
 wie Ungeheuer vorkommen,
Wenn wir sie sehen könnten: die ranken, inbrünstigen
 Flammenleiber, flederwischig, flappend und schrillend,
Gepeinigt von glutheißer Gier und stechend scharfer
 Gegenwärtigkeit, getragen von den Sturmfluten
Des großen Feuerballs. Es sind Tiere wie wir. Es gibt noch
 andere Stoffwechsel des Lebens
Als die langsame Verbrennung von Kohlehydraten
 und Aminosäuren.

Friedhof der Rehe

Ich folgte dem schmalen Steig in der Felswand über dem tiefen
Canyon
Auf halber Bergeshöh und kam zu einem kleinen Wasserfall,
der den Weg kreuzte, hintanzend
Über Stock und Stein, der beutelte die glitzrigen Farnwedel,
ein perlend Wasser, hell,
Gebirgsklar. Und doch flog mich ein böser Ruch von Moder an.
Verwundert stieg ich ab, den abschüssigen Wasserlauf
entlang.
Etwa vierzig Fuß tiefer fand ich unter Buscheiche und Lorbeer
eine kleine Lichtung,
Vorkragend überm Steilabfall wie ein Vogelnest. Gras und ein
flacher Tümpel. Doch ringsum durch das Gras verstreut
Lagen Gebeine – blanke und stinkende, Geweihstangen und
Knochen. Ich begriff: der Ort war eine Zuflucht
für das geschweißte Wild.
So viele angeschossene Rehe entkommen ja den Jägern und
schleppen sich davon, um im Versteck zu liegen. Hier
hatten sie Wasser für den schlimmen Fieberdurst
Und Frieden für ihr Sterben. Das dichte Lorbeerblattwerk und
die schiere Wand
Bilden eine Freistatt, und aus der tiefen Klamm weht
freundlich eine Kühlung. Ich wünschte, meine Knochen
lägen bei den ihren.
Doch es ist dumm, so etwas zuzugeben und auch ein bißchen
feige. Das Leben ist, wir wissen es,
Im ganzen ebenso gut wie schlecht, zumeist
ein Grau dazwischen, und es ist auszuhalten
Bis zum trüben Ende, was auch an Betörung – Gras, Wasser,
Bergschrund oder Wundschmerz –
Den Tod einladend mache. Das Leben wurde uns nun mal
geschenkt, keine große Gabe, aber wir haben es ausgekostet
und sollten's auch
Auf Ehre und Gewissen ausleben. Das meine ist leer, seit meine
Liebste starb. Leer? Die kleine Enkelin mit dem Rotschopf
und großen blauen Augen,

Als ob sie selbst aus ihnen blickte? Was kann ich für das Kind
tun? Ich seh sie an und frag mich, was für ein Mann
Jetzt, da die Welt zur Rüste geht ... Ich werde alt, und das ist
alles. Meine Kinder und kleinen Enkelkinder
Werden ihren Weg schon machen, was sollte ich da noch zehn
Jahre zuwarten, der ich siebenundsechzig Jahre alt bin,
Eh ich mich auf den Felsensims hinausschleppe,
um zu verenden, wie ein Wolf ohne sein Weibchen
Wild um sich schnappend stirbt? Ich bin gebunden an einen
dreißig Jahre alten Vorsatz: wer den Wein nippt,
Soll auch den Satz trinken; noch aus der bittren Hefe und
der Neige
Mögen uns neue Funde zuwachsen. Die Rehe bringen an jener
schönen Stätte ihr Gebein zu Grab – ich muß
das meine tragen.

Anfang und Ende

I. Der grosse Ausbruch

Das All verengt und weitet sich im Rhythmus eines großen
Herzens.
Es dehnt sich aus, die fernsten Nebelflecke
Jagen zuletzt mit Lichtgeschwindigkeit in die Sternleeren.
Es wird sich einziehn, die unermeßlichen Geschwader der Sterne
und Milchstraßen, Dunkelwolken und Sternhaufen
Werden heimberufen. Sie mahlen aneinander in dem einen
Hafen, sie backen ein zur Luppe.
Die explodiert. Nichts kann sie eindämmen. Auf keine Weise
läßt der Sprengschlag sich in Worte fassen, alles Bestehende
Faucht hoch in Flammen, die zerschundnen Teilchen fahren in
alle Himmelsräume auseinander, neue Welteninseln
Befunkeln die schwarze Brust der Nacht; fernab berennen
Nebelhaufen aufs neu den leeren Raum
Mit eingelegten Lichtlanzen.
Kein Wunder, daß uns Feuerwerke fesseln
Und Megatonnenbomben – es mag wohl eine Art von Heimweh
sein nach unserem Ursprung, dem heulenden
Hochofen unsres Anfangs.

Aber der Energiebetrag,
Aus dem das Riesenatom sich gebildet hatte, bleibt. Er wird sich
abermals anlagern und ballen zu Kraft und Herrlichkeit
Und ohne Zweifel abermals aufbrechen: Systole und Diastole:
das Weltall pulsiert im Taktschlag eines großen Herzens.
Frieden, zeit unsres Lebens, ward uns von Gott niemals
verheißen, nur dieses Auf und Ab, Sterben und Werden,
Brennen und Maledeitsein.
Der große Herzschlag pumpt in unsere Arterien SEIN
fürchterliches Leben.

Schön über alle Maßen ist ER.
Und wir, die Affenbilder Gottes*, sein unseliges Fleisch und
Blut, wir haben teil an diesem Schönen. Durch alle unsre
Qualen spüren wir, auf dieses Wissen läuft das Leben aus:
ER ist kein Gott der Liebe, keine waltende Gerechtigkeit
für eine kleine Stadt wie das Florenz von Dante,
kein anthropoider Gott,
Der uns Gebote setzt: dies ist ein Gott, den nichts anficht und
der nicht abläßt. Seht dort die Seen am Felsen
Aufblinken durchs Dunkel, seht die Gezeitenmarken; seht den
Untergang der Völker und seht die Frühe
Auf taunassen Füßen das Tal hinab dem Meer entgegenschreiten.
All dies ist wirklich, und wir erkennen es als schön.
Der große Ausbruch ist, ich weiß es nicht, womöglich nur
ein Gleichnis für die Gewalt, den augenlosen Schrecken,
Den Wurzelstock der Welt.

* Heraklit, Fragment 91. Anm. d. Übers.

II. Anfang und Ende

Die ungeformte vulkanische Erde, weiblichen Wesens,
Folgt mit den andern Planeten der Sonne, ihrem Gebieter,
Ganz Feuer und Flamme. Ihr Körper ist erzene Schmelze,
reglos unter dem Druck
Der eigenen Masse; ihre Haut ist Basalt und Granit und die
leichteren Stoffe,
Die nach oben aussaigern. Sie war wie eine Stute, die roßt und
augenrollt nach dem Hengst,
Wiehernd verlangt sie nach Leben in ihrem Leib.
Ihre Lufthülle,
Schlierig von der Ausdünstung ihrer Brunst, war nicht
das heitere Element,
Darin der Mensch atmet und lebt, sondern Sumpfgas,
Schwefelammonium, hepatische Luft,
All die Gifte, in die unser Fleisch, sich erinnernd, zerfällt,
Wenn es veratmet hat und verwest, so daß das Ende des Lebens
In seinen Anfang einmündet. Die Sonne hörte den Schrei
und besprang
Ihren dichten Dunstkreis mit wilder Entladung
und Peitschenschlägen von plasmatischer Kraft.
Unwahrscheinliche Moleküle bauten sich auf, Aminosäuren,
Aufgetümmelte labile Proteine: so kam das Leben in die Welt,
Mit Stickstoff aus Ammoniak, Kohlenstoff aus Methan,
Wasser aus Wolkendampf, Salz aus den jungen Meeren.
Es fällte ins Urmeer aus, wie Säuglingsharn
In die Windeln einsickert. Hochmolekulare Proteine
Lagerten Zellsubstanz an und brachen auf, als die Spannung
In dem Makromolekül zu groß wurde –
Will sagen, sie wuchsen und mehrten sich, ein Virus
In der warmen Nährlösung der Meere.
Zeit verging, und die Welt bekam ein andres Gesicht,
Proteine wurden nicht mehr erzeugt, der Ammoniakgehalt
der Luft
Und die elektrischen Stürme ließen nach. Nun wars
an den Viren,
Sich aus eigener Kraft zu behaupten. Sie sammelten sich

Zu Lebensverbänden und wurden zu dem, was man Zellen
nennt,
Verkapselt gegen die Welt in einer hauchdünnen Zellwand.
Aber warum sich das Leben durchaus behaupten mochte,
Da es nur eine Ausblühung auf dem Meer war,
Ein Niederschlag der aasigen Luft? Ob es vorauswissen konnte,
Was an Wundern bevorstand? Woher kam ihm das Wissen,
daß die Zellstrukturen des Lebens
Den Bergwald erstehn lassen würden und die Flügelspreite
des Adlers
In unsagbarer Pracht, Handfittich, Augen und Fänge,
aufsteigend
Über dem Felsgrat? Und die leidenschaftliche Denkkraft des
Menschen,
Hadernd mit seinen Schranken, hungernd sich selbst
zu verstehen und das All bis an die letzten Gemarken –
Flammantia mœnia mundi, schrieb Lukrez*
Und stabreimte wie ein Altangelsachse – all diese »M«s
vermelden die Majestät:
Die Flammenwälle des Weltalls, fernhingeführte Bollwerke
des Seins
Gegen das Nicht-Sein.
Aber nach einer Weile
Taten sich die Lebenszellen zusammen, bildeten Stämme,
eine Anzahl von Zellen zu einem Lebewesen,
Wie vormals die Moleküle eine Zelle bauten aus vielen. Indessen
hatten sie das Chlorophyll erfunden
Und aßen sich das Licht der Sonne an, geschunkelt
von den warmen Meerwogen,
Gewiegt in Frieden. Aber gewisse Meuchelmörder unter ihnen
Entdeckten, daß es leichter wäre, Fleisch zu fressen
Als sich von dünner Luft und Sonnenlicht zu nähren, so kamen
die Tiere in die Welt, würgend,

* Lukrez, *De Rerum Natura*: »Nicht der Götter Ruf, nicht Blitz noch drohende Donner / Schreckten ihn ab ... die mutige Macht des Gedankens siegte, gewaltig / Trat er hinaus über *die flammenden Schranken des Weltalls* / Und der verstehende Geist durchschritt das unendliche Ganze.« Anm. d. Übers.

Schlund und Geschlinge, Leben, geraubt dem Leben,
Geworden aus den Pflanzen. Das Ebben und Fluten des Ozeans
ließ viele Tiere, viele Pflanzen stranden
In den weitläufigen Marschen längs der Küsten,
Wo dann unzählige starben und ein paar überlebten. Aus ihnen
wurde alles Leben auf dem Festland,
Das Tier-und-Pflanzenreich, der Mensch, der Hochwald und
der Geist des Aischylos,
Und in der Täfelung die Maus.

Was aber ist es, das wir Leben nennen? Ich glaube,
Daß die Erde und die Himmelskörper, der ganze
lichterzuckende Weltraum und die Gesteinsmassen
Der Höhenzüge Leben haben, nur daß wir es nicht
so bezeichnen – ich meine, als das Leben,
Das sich erneuert und ernährt, indem es Fette oxydiert und
Proteine und Kohlenhydrate,
Und das aus solchen Energien des Stoffwechsels
Seligkeit macht und Qual, Staunen, Anbetung, Liebe, Haß und
Schrecken: wie kommt all das zustand
Aus einer chemischen Reaktion?
Ich meine,
daß es schon vorher dagewesen. Ich meine, die Gesteine
Und der Erdball, die anderen Planeten, die Sterne
und galaktischen Systeme,
Besitzen ein Bewußtsein eigener Art. Alle Dinge sind beseelt,
Nur daß die animalischen Nerven, Nervensystem und Hirn,
Das Bewußtsein sammeln in einem Brennpunkt, Nervensystem
und Hirn sind ein Brennglas,
Welches die Wärme bündelt, bis sie in Flammen ausschlägt.
Uns, als denen, die's erleiden, scheint sie heißer
als der Glutherd,
Aus dem sie austrat. Deswegen schreien und lachen wir,
lärmende Tiere,
Kommen heulend auf die Welt und sterben röchelnd. Die alten
Steine in dem Türgewände
Wählten das Stillschweigen, doch ihnen wohnt wie allen Dingen
ein Wahrnehmen inne,

So wie es auch den Zellen im Menschenleib zukommt,
die sich spüren, speisen und steuern, jede eingespielt auf alle.
Und wie die Zellen in jedem Menschenleib
ein Lebewesen abgeben,
Bilden die Dinge miteinander ein Lebewesen, ein Bewußtsein,
ein Leben, einen Gott.

Wie aber kam die Menschenrasse in die Welt? Ich setz den Fall,
Eine klimatische Verschiebung raffte die großen Urwälder
des Nordens hin,
Sie zwang die Menschenaffen von den Bäumen auf den Boden.
Sie wären verhungert droben, wo sie's sicher hatten.
Aber der Nahrungsmangel ließ sie absehn von ihrer Sicherheit.
Im toten Astwerk wohnte blauer Hunger:
Sie mußten aufs Erdreich runter, wo es noch Grünzeug gab
Und Beeren für ihr Futter. Dort aber machten die großen
Fleischfresser,
Panther und Königstiger, der ungetüme tölpelhafte Bär und
die endlosen Wolfsrudel, das Leben
Zu einem Alptraum des Todes. Aus diesem Grunde wird
der Mensch von solchen Träumen heimgesucht,
Daß er aus nackter Angst tötet. Aus diesem Grunde geht
der Mensch aufrecht und ist all sein Lebtag
Alarmbereit: und wie der Bär, zum Kampf gestellt, hoch wird,
So fort und fort der Mensch. Feuer und Flintwaffen erfand er,
Zum Äußersten getrieben. Aus diesem Grunde ist er grausam,
schnell bei der Hand zum Morden
und allezeit hell bei Verstand.
Er blieb am Leben mit genauer Not. Meßt ihm nicht
zuviel Schuld bei: seine preisgegebenen Vorfahren
Machten ihn zu dem, was er jetzt ist; die andern großen Affen
waren ja geborgen
Im großen Regenwald des Südens und wandelten sich kaum
In einer Jahrmillion – nur das Geschlecht des Menschen
ist bedingt
Von Schrecken und aschgrauer Qual. Und so erfanden sie
den Zwiegesang der Sprache,
Um ihr Davonkommen zu feiern und ihre Taten festzuhalten.

Und so sind alle Taten, die sie feiern,
grausam und fluchbeladen:
Achilles, rasend im Blutrausch des Südens, der baltische
Beowulf, ein nebelblinder Seebär,
Der durchs verwunschne Fenn tappt zwischen
dem fahlen Zwielicht und dem schwarzen Wasser –
Epos, Drama, Geschichtsschreibung,
Jesus und Judas, Tchinggis, Julius Cäsar,
kein großer dichterischer Wurf
Ohne das Blutmal. Gleich nach den Engeln kommen wir,
wie jemand sagte* – Ratten, heiß auf der Blutspur.
Und doch, gebt ihnen nicht die Schuld: dem Hirn ward
eine Wunde zugefügt,
Als das Leben alle Kräfte überstieg, die setzte wildes Fleisch an.
Die lehrte sie die bange Gottesfurcht und das Blutopfer,
Die lehrte sie, Tiere zu metzgern, Menschen zu metzeln
Und das Erdental zu hassen: die großen Religionen
der Liebe und der Güte
Mögen es verbrämen, sie ändern nichts daran. Sie kamen nicht
aus sich zustande, sondern als Reflexe
Auf all den angestauten Haß, so wie das Auge, das sich
an einem roten Sonnenuntergang vollsog,
Bald grüne Sonnen sieht.
Die Gattung Mensch ist eins
von Gottes Wahrnehmungsorganen,
Allzu ansprechbar auf die Reize Gut und Böse,
Leid und Freude. Sie ist ein Nervenende
Wie Auge, Ohr, Schmeckbecher (fast außerstand,
Den eklen Tropfen zu ertragen), eins der Gefühlsorgane Gottes.
Wie Lear und Prometheus mit Titanensinn den Zuschauern
Extreme von Leid und Leidenschaft entdecken, die ihnen nie
Auf ihrem eignen Lebensweg begegnen werden, und doch,
durch das Organ der Dichtung
Erfühlen und erfahren sie's, so sind die Taumel
und die Todesnöte, die Mensch und Tier erleiden,
Sinnesorgane Gottes. Auf andern Weltenkörpern, überall

* John Milton (1608–1674). Anm. d. Übers.

Im Raum, speisen noch größere Nervenenden
das Bewußtsein von diesem einen Lebewesen,
Das alles Dasein ausmacht. Es ist des Menschen Sendung,
Zu finden und zu fühlen, alle tierische Erfahrung
Ist ein Teil von Gottes Leben. Wohl möcht er ausgewogen
und neutral sein,
Ein Fels am Meeresstrand, doch wie das Abendblut
in roten Brechern,
So überbäumen die Lebensleidenschaften ihn. Er hält ihnen
stand,
Wie wir den unseren standhalten. Die alten Wundränder
im Hirn
Klaffen noch immer himmelweit und lassen die Sterne
In den raubtierdumpfen, wahnverseuchten Schacht der Seele.
Der Menschensinn …
Vielleicht, allmählich, wird er sich auswachsen,
Was meint ihr? Dieser niederträchtige König der Tiere? Dieser
abartige Affe? Er hat Verstand
Und Phantasie, er könnte es weit bringen –
Und mit Anstand enden. Falken sind heldenhafter,
doch der Menschengeist ist steiler,
Nachtschwarze Gruben und lichthelle Grate hat er,
Die Bahn der Irrsterne läßt sich errechnen und der Sturzflug
des Falken, doch nicht des Menschen Sinn.

III. Mythen

Gigantische Gezeiten warfen die Magma des Erdmantels
Bei dem Herannahn eines Sterns.
Springfluten stülpten aus, da er vorüberzog. Er saugte
Den Scheitel eines großen Wellenbergs vom Erdball ab: der Mond
War dem Pazifik-Becken ausgetreten. Der kalte weiße Stein,
der unsern Nächten leuchtet,
Ließ in der Erdrinde die große Wunde, den Stillen Ozean
Mit seinen vielen Inseln und Flotillen. Ich, der ich hier stehe
auf dem Kliff,
Hab noch im Ohr das Ausscheren von Basalt-Schmelze und
Granit, ich sehe noch den übergroßen Vogel
Abheben, himmelan zu seinem Stern. Der Stern zog seine Bahn,
Der Mond blieb hängen. Verlassen und verhärmt kreist er
Um seine alte Heimstatt und hat die Meerfluten im Schlepp.

Die Mathematiker und Physiker
Besitzen ihre eigene Mythologie, sie halten sich
längsseits der Wahrheit,
Die sie nie berühren; ihre Gleichungen sind schief,
Doch die *Modelle* funktionieren. Und wenn ein grober Irrtum
sich herausstellt, dann verfallen sie
Auf einen neuen. Sie lassen die Ätherhypothese fahren
und nehmen die Raumkrümmung an.
Und dennoch klinkten ihre Gleichungen die Bombe aus
über Hiroshima.
Die furchtbaren *Modelle* funktionierten.
Der Dichter auch
Hat seine eigene Mythologie. Der gibt euch zu verstehen,
daß der Mond
Emporkam aus dem Becken des Pazifik. Er gibt euch
zu verstehen, daß Troja eingeäschert wurde
Für eine leichtlebige Frau, für deren schöne Augen die tausend
Schiffe einst ins Meer stachen.
Es leuchtet nicht recht ein, könnt dennoch wahr sein. Doch Staat
und Kirche
Gründen auf Mythen, die viel absonderlicher sind:

Da heißt es, daß alle Menschen gleich geboren sind und frei,
denk an.
Da heißt es, daß ein Jude und Wanderpoet namens Jesus
Der Gott des Weltalls sei, denk an!

IV. Wandertauben

Schrittweise nahm die Zahl der Wandertauben zu. Dann,
    sprunghaft, wuchsen ihre Schwärme
Ins Uferlose, ein einziger Taubenzug konnte
    zehn Meilen Wald entmasten,
Wenn er zum Fußen niederkam. Die hochprasselnden Wolken
    ihres Aufflugs
Verfinsterten die Morgenröten. Sie nahmen überhand
    und sind dahin,
Nicht eine blieb am Leben.
                                        Der nordamerikanische Büffel auch
Konnte mit seinen Horden die Prärien zudecken,
    von einem Horizont zum anderen, machtvolle Schädel,
    wetterwuchtige Schultern, ein Sturzbach des Lebens –
Wie viele sind geblieben? Für eine kurze Weile, ein paar Jahre,
    waren die sonnendürren Prärien weiß
Von ihren Rippenkörben.
                                Tod, du hast es auf diese Dinge abgesehn,
Die Lebensexplosionen setzen dich in Nahrung,
Sie laden dich zu Tisch.
                                        Doch nicht die Menschheit faß
    in deine schwarzen Augen, laß
Die begehrlichen Augäpfel weiterrollen. Wahr ist es schon,
    wir nehmen zu.
Ein Mann aus England, der in Gallien an Land ging,
    als Rom gefallen war,
Zog vierzehn Tage feldein durch die blühenden, fruchtbaren
    Fluren,
Vorbei an Obsthainen und Flüssen und verheerten Villen,
    und er bezeugt,
Daß er nicht eine Menschenseele antraf. Heute füllen wir
    die Lücken auf.
Bei allen Kriegen, Hungersnöten, Seuchen sind wir auf einmal
    sprunghaft,
Drei Milliarden Menschen, auch unsere Gerippe
    würden die Prärien

Weiß überziehen, ein makelloser Schnee von unverscharrten
Knochen –
Knochen, die in wollüstigen Nächten gezuckt sind
und geflogen,
Knochen, die sich vor Lachen bogen oder vor Kummer
durchhingen, feige Knochen,
Zermürbt von vielem Schlottern, starke Knochen, zerdehnt
auf mancher Folter, zerschmettert auf dem Schlachtfeld,
Derbe Knochen, knotig von schwerer Arbeit, Knochen
von zarten kleinen Kindern, all die leeren Schädel
Aus schmuckem Elfenbein: Pokale, die ehedem den Wein
Von Leidenschaft und Denkkraft faßten, von Liebe
und hirnverbrannten Kollern, wo nun
Nicht einmal Würmer wohnen.
Mehr Ehrfurcht vor der Menschheit, Tod,
du mit den bodenlosen geilen Augenkirschen;
Mußt doch nicht alle greifen auf einmal – und dann,
du schaffst es nicht, wir sind für dich zu mächtig,
Denn wir sind Menschen, keine Tauben; magst dir die Alten
holen, die Nutz- und Wehrlosen, die Krebskranken,
den zarten Nachwuchs,
Der Mensch als Gattung ist noch berufen zur Geschichte. Denn
sieh, sieh hier,
Unsere Errungenschaften: wir haben den Wolken-Waberer, den
Blitz, als Lasttier angeschirrt für unsere Nachrichten,
ein Löwe, den der Mensch gemeistert hat,
Das Werkzeug seines Willens; wir haben den geladenen
Wetterstrahl
Gott aus der Hand gehascht. Was sagst du nun? Doch das war
vorgestrig und gar nichts, heut haben wir
An uns gebracht die Kräfte, die das All bewegen, Erzeugung und
Vernichtung; wir bauen neue Elemente,
wie sie Gott nie gekannt,
Wir können das Atom zertrümmern, die Teilchen vernichten
und zerstrahlen, so daß nichts bleibt als ihre freigesetzte
Energie; wir werden sie uns nutzbar machen
Zu friedlichen und kriegerischen Zwecken – »Köpfchen,
Köpfchen«, sprach er in seinem pfeifenden Falsett,

Hartherzig und ein Hämling.
Roll deine blöden schwarzen Augen, Tod,
Nach den Tier-Arten auf dem Felde, nicht
nach dem vernunftbegabten Menschen,
Wir fallen nicht in dein Mandat. Du sahst, wie sich
die Dinosaurier
Zu Schreckensbildern auswuchsen: Echslein waren sie,
die in Erdrinnen wohnten, sie wurden zu Kolossen,
Tobende Weichen, fetzende Fänge, Panzer von Knochenplatten,
nichts konnte vor ihnen bestehen,
nichts, außer dir,
Tod. Und sie starben aus. Du sahst den Säbelzahn-Tiger
die Riesenhauer ausbilden,
Müßig wie unsere Wissenschaften, und aussterben.
Ihre Knochen
Verwahrst du in Erdölspalten und Gesteinsschichten. Sollst
nicht die unsern haben. Denn wir erkauften uns mit vielen
Wehen und Mühen und Fragen unser Begriffsvermögen,
Wir haben Hirnwülste, die den Fängen der ausgetilgten Tiger
um nichts nachstehen, hypertrophiert und greulich,
Wir haben die Sterne gezählt und sie halbwegs erklärt, haben die
fernen Sternnebel erblickt, die vor uns davonstieben
wie Pferde, die durchgehen
In kopfloser Flucht – falls keine Störung auf den langen
Lichtwegen das Prisma täuschte –, wir hängen den Falken ab
im Flug, den Adler, ja die Meteore,
Schneller als der Schall und höher als die zuträgliche Luft;
Wir haben ungeheure Sonderrechte und keine Angst vor dir:
Wir erfanden das Düsenflugzeug und die Todesbombe und das
Kruzifix – »Nun ja,« spricht er,
»Ihr werdet sicher ewig leben«, – grient wie ein Knochenhaupt
und hält die Hand vor seinen Mund – »Was könnte euch schon
ausrotten?«

V. An Hengist und Horsa

Letzthin fand man im satten Erdreich von Südengland
Einen Sachsenrecken: uralte Heldenknochen, sieben Fuß
maß er,
Ein Hüne. Ehrenvoll lag er
Unter den Schild gebettet, den Speer an seiner Seite und
dicht zurhand
Das sächsische Langmesser – doch jedes Bein seines Skeletts
einzeln zerbrochen,
Damit er nicht aufstehn und wandeln konnte. So wollte es
ihr Brauch.
Nicht die Lebendigen, die Toten machten ihnen Angst,
Der jäh gekappte Blutrausch und das Fleisch, das wildelt.
Sie hatten ihn geehrt, vielleicht geliebt, doch sie zerbrachen seine
Knochen,
Daß er nicht wiederkehre.
Denn Leben, so vermeint das schlichte
Erdentier, Leben ist *der* Hort.
Was Wunder, daß die Toten uns drum neid sind, daß ihre
Kinnladen vor Wut mahlen
Im schwarzen Mutterboden. Er war uns ein getreuer Heerführer
und Freund,
Doch nun ist er uns fremd geworden und lief zu jenen anderen
Völkerschaften über,
Den feindseligen Rotten untertage. Wir brechen ihre Knochen,
Damit sie unten bleiben. Wir dürfen weder von den Toten
noch den Lebendigen
Aus dem Weg geräumt werden. Wir haben noch
die Weltgeschichte vor uns.

VI. Sternschnellen

Die Eismassen der Polarzonen schmelzen ab,
die Gletscherstirnen
Kalben in die Ströme, und alle speisen sie das Meer;
Gezeiten schwellen an und ab, doch Jahr für Jahr
ein wenig höher.
New York wird absaufen, London wird absaufen:
Und diese Stelle hier, wo ich die Bäume pflanzte und ein Haus
aus Steinquadern aufführte,
Wird unter Wasser stehn. Die armen Bäume werden dann
erliegen,
Und Fischlein werden flossenflickrig zu den Fenstern ein- und
ausstromern. Ich hab es fest gebaut,
Starke Mauern, Portlandzement, grauer Granitbruchstein,
Der Turm zumindest wird dem Dotzeln von Drift und Dünung
standhalten,
Wird erdgeschichtlich werden, fossil und zeitfest.
Wie wohl es tut, sein Denken mit geologischen Zeitaltern
zu versetzen,
Es auszuruhen bei astronomischen Zeiträumen.
Nichts ist so angetan, den Menschen auf sein Maß
zurückzuschrauben wie die Astronomie.
Seine dummen Träume, sein gockelrotes Selbstgefühl:
laßt ihn Sternschnellen zählen.

VII. Amtsanmassung

Seit fünfzigtausend Jahren träumt der Mensch
Von Fertigkeiten, die ihm die Natur versagt hat:
Zu fliegen wie der Adler – dieser Erdling!
  Zu atmen untermeer und auf den Mond zu fahren,
Ruchlose Donnerkeile auszulösen wie der Gott des Luftraums.
  Nun, da er sie hat:
Wie klein er sich ausnimmt, wie fassungslos und aufgestört,
  ein giftiges Insekt, dem kein Gott gnadet.

VIII. Weltuntergang

Als ich in meiner Jugend in der Schweiz zur Schule ging, so um die Zeit des Burenkrieges,
Da nahmen wir als unumstößlich an, daß die Menschheit
So lange wie die Erde währen werde und erst mit dem Planeten untergehen.
Ich weiß noch, wie ich ein Pennäler-Poem schrieb
Über den letzten Menschen, der in stoischer Würde die tote Küste
Des letzten Meers entlang wandelt, allein, allein, allein, und die vergangene Zeit der Gattung
Vor seinem inneren Auge aufrollt. Heut denk ich anders. Sie werden geschlossen und in unkenntlichen Herden sterben,
Und die Erde wird lange prangen,
nachdem die Menschheit abgetreten ist.

Auf Lob versessen

Goethe, so sagt man, war ein großer Dichter; Pindar vielleicht
war auch ein großer Dichter; Shakespeare und Sophokles
Stehn außer Frage. Ich denke an die wenigen, denen es gut
hinausging,
Die ausgeschrieben starben.
Ich denke an Kit Marlowe, dem ein Lotterbube
den Dolch ins Auge stach bei einer Keilerei,
Wie er sein junges Leben und sein Hirn verspritzte
auf den verschmierten Wirtshausdielen. Ich denke
an den jungen Keats in Rom,
Wütig von seinem ungeschriebnen Werk, wie er nach Atem
schluchzt und stirbt. Ich denk an Edgar Poe
Und Robert Burns. Ich denke an Lukrez, der sein Gedicht
unfertig liegen läßt, hingeht und sich umbringt.
Ich denk an Archilochos,
Spinnig in seinem Groll, hohngrinsend. An Vergil,
Verzweifelnd an seinem Lebenswerk, der seine Freunde bittet,
daß sie es vernichten und seine Lunge auskeucht.

Und immer noch
Bringen die jungen Dichter ihre Bücher und Schreibhefte zu mir,
Verrannt ins Dichter-Sein, verrannt in Beifall, verrannt wie
Keats.
Sie sind verrückt, mein ich.

Beim Lesen chinesischer Gedichte

Wunderbar der kragende Felsen und die windschrägen Zedern,
 nur, daß sie gewichtslos sind.
Wunderbar die abenteuerlich
Kleine Kate und das Reisfelderband klaftertief darunter;
 und Nebelgeschwel
Streicht durch die Schlucht. Diese Leute waren
Größere Künstler als wir und hatten viel schärfere Augen.
 Sie liebten die Landschaft
Und verwiesen den Menschen an seinen Platz darin. Warum nur
Sind ihre Felsen so schwerelos? Sie liebten den Reiswein,
 den Frieden, die Freundschaft,
Doch über alles die Landschaft und das Alleinsein.
– Wie Wordsworth. Aber dessen Berge haben Gewicht
 und Substanz, so bleiern sein Lied war.
Ist da vielleicht ein moralischer Unterschied?

Er nimmt's vom Lebendigen

Adler und Habicht mit ihren großen Krallen
 und Hakenspitz-Schnäbeln
Reißen das Leben in Fetzen; Geier und Raben warten
 bis es der Tod veraast hat.
Den Dichter ernährt diese Weltzeit erst,
Wenn er sie zerfetzt hat – und sich selber dazu.

Ich aber werde alt und saumselig

Ich bin gewarnt worden. Vor über dreißig Jahren war's, da schrieb ich,
Nachsinnend den erzählenden Gedichten, die ich machte und die mir immerzu
Auf Blut und Qual hinausliefen (wenn auch nicht ohne eigne Schönheit), mein Blut und meine Qual,
Denn es waren Geschöpfe von mir, da schrieb ich an mich selber, was mir dämmerte:
»Alljährlich sollen die Rauchopfer steigen, um das Grauen von diesem Haus zu bannen« – denn das hängt
Hart über jedwedem Menschen, jedem Haus – »dem kleinen Hause,
Das du überm Meer errichtet hast mit deinen eignen Händen
Neben den Riesenwackern …«. So hörte ich auf meinen Dämon,
Der mich warnte, daß Unheil auf mich zukäme,
Sobald ich aufhörte mit meiner Arbeit und keine Opfer brächte an ausgemalten und erdachten Menschenleben, Tamar und Cawdor,
Und Thurso's Weib – »erdachte Menschenopfer seien unsre Sühne« –
Damals fühlte ich mich Herr des eignen Schicksals und spürte
Meine erzählenden Gedichte rings um das Haus, gelungene Wachhunde, scharf, bei der Sache.
Doch Zeit trinkt unser Mark,
Der Mensch wird alt und saumselig.

Hand

Eingefallen zwischen Sehnen und Knochen,
Siehst aus wie die Hand eines Toten. Arme Hand,
    noch ein Weilchen
Schreib und laß sehn, was eine tote Hand zu Papier bringt.

Randbemerkungen von Robinson Jeffers

Über die Küste von Monterey:

»Ein weiterer Zufall führte uns an das Küstengebirge von Monterey, wo ich zum ersten Mal in meinem Leben Menschen so leben sah wie in den Hirtengedichten, den altnordischen Sagas oder in Homers Ithaka. Hier war ein Leben ohne nebensächlichen Ballast. Menschen ritten zum Viehtrieb oder pflügten das Vorland, weiße Möwenschwärme zuhaupt, wie sie es seit Jahrtausenden getan hatten und tun werden. Hier war zeitgenössisches Leben, das zugleich zeitloses Leben war, nicht ausgeschlossen von der Gegenwart, sondern ihrer bewußt und auf sie bezogen, aber nicht behindert durch den Wust von poetisch belanglosen Einzelheiten und Verschachtelungen, aus denen die Zivilisation besteht.«

(Aus dem Vorwort zu *Selected Poems*)

»Ich würde sagen, daß diese felsige Küste nicht nur der Schauplatz meiner Verserzählungen ist, sondern auch ihr Hauptakteur. Diese Berge steigen steil und unmittelbar aus dem Meer, sie sind zerklüftet von tiefen Schluchten und dicht überzogen von Gesträuch und Wald... Auf diesen Bergen grast etwas Vieh und viel Rotwild, Geier und Habicht, Adler und Reiher fliegen hier, ebenso die Wasservögel und Strandvögel; im Sommer gibt es Wolken und Seenebel und herrliche Stürme im Winter.«

(Aus: *Themes in My Poems*)

Über den politischen Radikalismus:

»Einige unter euch glauben, daß sie die Gesellschaft noch retten können; ich glaube, daß das unmöglich ist, daß man dadurch den Prozeß des Verfalls nur noch beschleunigt. Selbstverständlich sympathisiere ich mit dem Radikalismus, das ist ja eine Sache des Rechts und der Gerechtigkeit, und auf keinen Fall stelle ich mich dagegen. Von einem abstrakten Gesichtspunkt aus betrachtet, sehe ich nicht ein, wieso man die Periode des Verfalls aufhalten oder verlängern sollte: Je mehr man sie beschleunigt, desto eher kommt vielleicht der neue Anfang.«

(1927, Brief, zitiert nach *The Stone Mason of Tor House*)

Über den Zwiespalt der westlichen Kultur:

»...Ich stellte mir die Frage: ›Was unterscheidet unsere Kulturzeit von anderen Kulturen? Was ist der Hauptgrund für ihre Besonderheiten?‹ Natürlich gibt es da eine ganze Anzahl von Faktoren, aber das, was mich besonders beeindruckt hat und zu einem Thema meiner Gedichte wurde, ist der geistige Widerspruch, der in ihrem innersten Herzen lebt und dort eine verformende Spannung erzeugt. Die Religionen und die Moralvorstellungen anderer Zivilisationen waren mehr oder minder bodenständig, sie glichen sich den Menschen und die Menschen den Religionen an; aber das Christentum ist seiner Herkunft nach orientalisch und nahöstlich; es wurde den westlichen Völkern recht kürzlich erst aufgedrängt – wenn man in historischen Zeitspannen denkt – und wir haben uns nie daran gewöhnt. In unseren Moralvorstellungen halten wir uns immer noch an zwei Garnituren, heidnisch und christlich, zugleich. Zum Beispiel sagen wir, daß wir unsere Feinde lieben und den Bösen keinen Widerstand entgegensetzen sollten; aber gleichzeitig glauben wir an die irdische Gerechtigkeit und daran, daß Verbrecher bestraft gehören, und daß man dem Zwang mit Zwang, der Gewalt mit Gewalt begegnen muß. Ein anderes Beispiel: wir bekennen uns zur Demut, aber wir bekennen uns auch zum männlichen Stolz und zur Selbstbehauptung. Ich glaube, daß dieser geistige Widerstreit eine verformende Spannung in unserer Psychologie und im Herzen unserer Kultur erzeugt, die – im Guten wie im Bösen – überaus fruchtbar gewesen ist an Größe und Intensität sowie an inneren Widersprüchen und an Heuchelei und Frustration. Das Thema dieses geistigen Bürgerkriegs kommt in meinen Versen oft vor... Es kommt aber auch in den Versen größerer Dichter vor. Haben Sie einmal darüber nachgedacht, wie viele von Shakespeares Helden, angefangen mit Hamlet, mit sich selbst und ihrem eigenen Seelengrund im Kriegszustand leben, während die Helden der griechischen Tragödie gegen das Schicksal oder gegeneinander kämpfen, aber in ihrer Seele einfach und ungespalten bleiben?«

(Aus: *Themes in My Poems*)

Über den Kern der Religionen:

»Ich komme jetzt zu einem anderen Thema meiner Verse, dem Thema der Selbst-Marter Gottes; das bedarf einiger Erklärung. Auch diese göttliche Außenwelt, das Universum, ist letztlich friedlos, voll von gewaltigen Spannungen und Konflikten. Die physikalische Welt wird von gegensätzlichen Spannungen beherrscht. Die Welt des Organischen wird bestimmt von immerwährendem Widerstreit und unvereinbaren Wünschen, und der Schmerz gehört zum Grundbestand des Lebens überhaupt. Dies ist das uralte Dilemma der Religionen. Manche entziehen sich ihm, indem sie die Außenwelt zur reinen Illusion erklären; andere entlasten sich, indem sie einen Teufel, Satan oder Ahriman erfinden, wodurch der Konflikt zu einem Kampf zwischen Gut und Böse wird. Ganz offensichtlich aber stimmt etwas daran nicht. Der Löwe, der tötet, ist kein bißchen böser als das Lamm, das getötet wird. Der Felsbrocken, der einem Mann auf den Schädel fällt, ist ebensowenig böse wie der Fels, auf dem er stand. Dunkel und vielleicht ohne volles Bewußtsein wird dieser Umstand in den Träumen vieler Völker anerkannt: Der griechische Prometheus wurde auf dem Kaukasus gekreuzigt, er war einer der Titanen aus dem älteren Göttergeschlecht; der christliche Jesus, Sohn Gottes, willigte in seine eigene Kreuzigung ein; und der skandinavische Odin, der Oberste der Götter, hängte sich neun Tage lang qualvoll auf, vom Wind gebeutelt, um die Runen der Weisheit zu erlernen, oder, nach einer anderen Erzählung, weil er das größte Opfer verlangte, und das war er selber... einen gemarterten Gott gibt es in jeder Mythologie, und das schien mit das angemessenste Sinnbild für einen Zusammenhang, der überaus schön und schmerzhaft und wahr ist.«

(Aus: *Themes in My Poems*)

Über Jesus:

»Als ich *Dear Judas* schrieb, wollte ich Jesus zum Protagonisten einer Tragödie machen,... und der Protagonist einer Tragödie kann kein vollkommener Mensch sein. Der vollkommene Mensch würde keinerlei Konflikte in seinem Inneren kennen, keinerlei Unglück empfinden; er hätte nicht einmal die Agonien im Garten oder die Verzweiflung am Kreuz verspürt, die ihm die Evangelisten zuschreiben.«

(1933, Brief, zitiert nach *The Stone Mason of Tor House*)

»Jedem, der die Evangelien aufmerksam liest – so wie ich es gezwungenermaßen unter den gestrengen Augen jenes presbyterianischen Geistlichen, der mein Vater war, tat –, wird bald klar, daß die Taten und die Worte darin zwar von schöner Geradlinigkeit sind, aber daß die Mentalität der Personen alles andere als geradlinig ist... Die Mentalität von Jesus wird uns, wie aus Versehen, hie und da durch den objektiven Bericht erhellt. Sie ist tief, mächtig und schön; und sie ist seltsam komplex und nicht völlig integriert... Das ist nicht schlichtweg die Inkarnation der Liebe, wie er von den Sentimentalisten hingestellt wird, sondern die Mentalität eines Genies, eines Poeten und Menschenführers von solchen Graden, daß er für Gott gehalten wurde, buchstäblich für Gott... Das Stück dreht sich um diesen Mann von transzendierendem Genie, der imstande war, seine Feinde zu lieben, sogar Judas, und der mit Vorbedacht den Kreuztod suchte, weil er begriff, daß nur ein so wildes und furchtbares Symbol die Phantasie der wilden Völkerschaften [der Zukunft] ansprechen würde.«

(Aus: *The New York Times*, 6. Oktober 1947)

Über die Funktion der Dichtung:

»Ich bin der Meinung, daß große Dichtung die Totalität der Dinge auf eine Art und Weise erfaßt und offenbart, die der Prosa nie zu Gebote steht. Ihre Aufgabe ist es, auf einmal eine ganze Welt einzubegreifen, die physische und die sinnliche, die intellektuelle, die geistige, die phantastische, alle in *einer* leidenschaftlichen Verquickung. So wird sie zu einem Medium der Entdeckung, während sie zugleich ein Medium des Ausdrucks ist. Die Wissenschaft zerlegt die Dinge meist in ihre Bestandteile, um sie zu entdecken, sie seziert und analysiert; die Dichtung schließt sie zusammen und kommt zu ebenso gültigen Entdeckungen und zu tatsächlicher Schöpfung. Etwas Neues wird herausgefunden, etwas, das der Autor selber nicht wußte, bevor er es geschrieben hatte, und etwas Neues wird geschaffen.«

(Aus: *Themes in My Poems*)

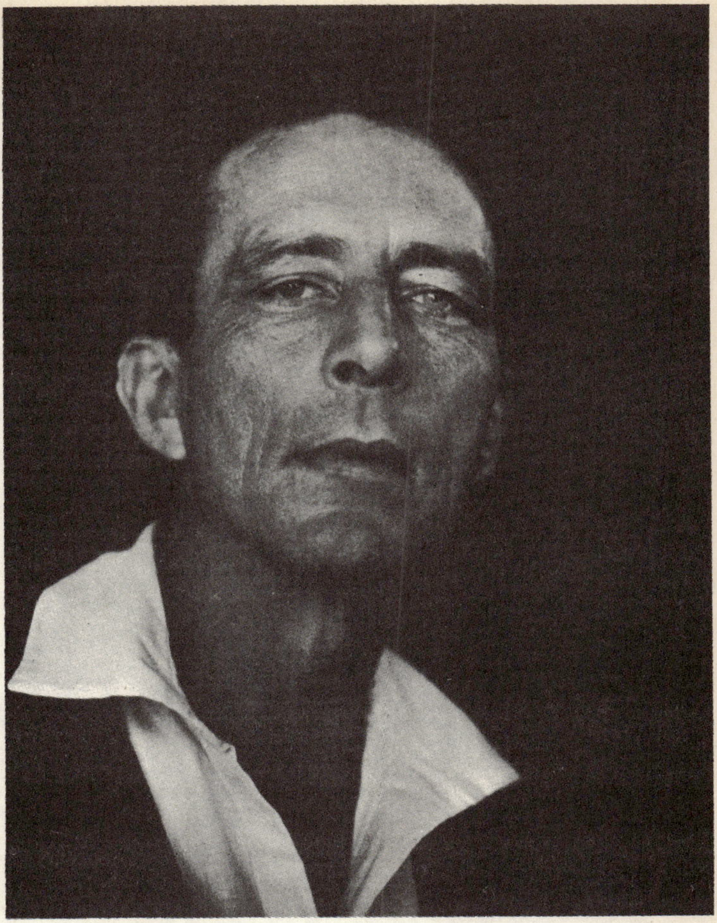

Aufnahme: Edward Weston

Die junge Una

Aufnahme: Arnold Genthe (1911)

Der junge Jeffers

Der Steinmetz

Der Innenhof von Tor House

Aufnahme: Una Jeffers

Tor House und Turm von der Meerseite

Aufnahme: Horace Lyon

Aufnahme: Leigh Wiener

Mit dem Enkel Lindsay

Aufnahme: Leigh Wiener

Aufnahme: Horace Lyon

Aufnahme: Leigh Wiener

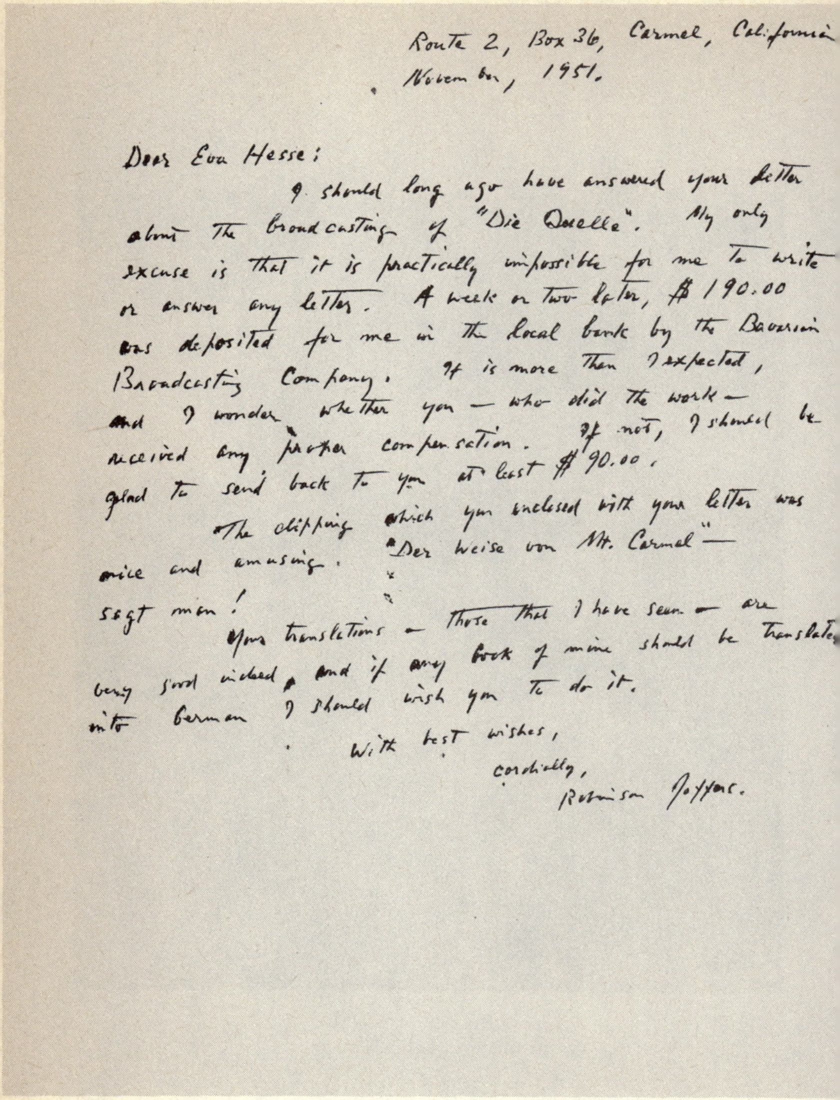

Route 2, Box 36, Carmel, California
November, 1951.

Dear Eva Hesse:

I should long ago have answered your letter about the broadcasting of "Die Quelle". My only excuse is that it is practically impossible for me to write or answer any letter. A week or two later, $ 190.00 was deposited for me in the local bank by the Bavarian Broadcasting Company. It is more than I expected, and I wonder whether you — who did the work — received any proper compensation. If not, I should be glad to send back to you at least $ 90.00.

The clipping which you enclosed with your letter was nice and amusing. "Der Weise von Mt. Carmel" — sagt man!

Your translations — those that I have seen — are very good indeed, and if any book of mine should be translated into German I should wish you to do it.

With best wishes,

cordially,

Robinson Jeffers.

Faksimile eines Briefes an Eva Hesse

Aufnahme: Leigh Wiener

Aufnahme: Leigh Wiener

Aufnahme: Leigh Wiener

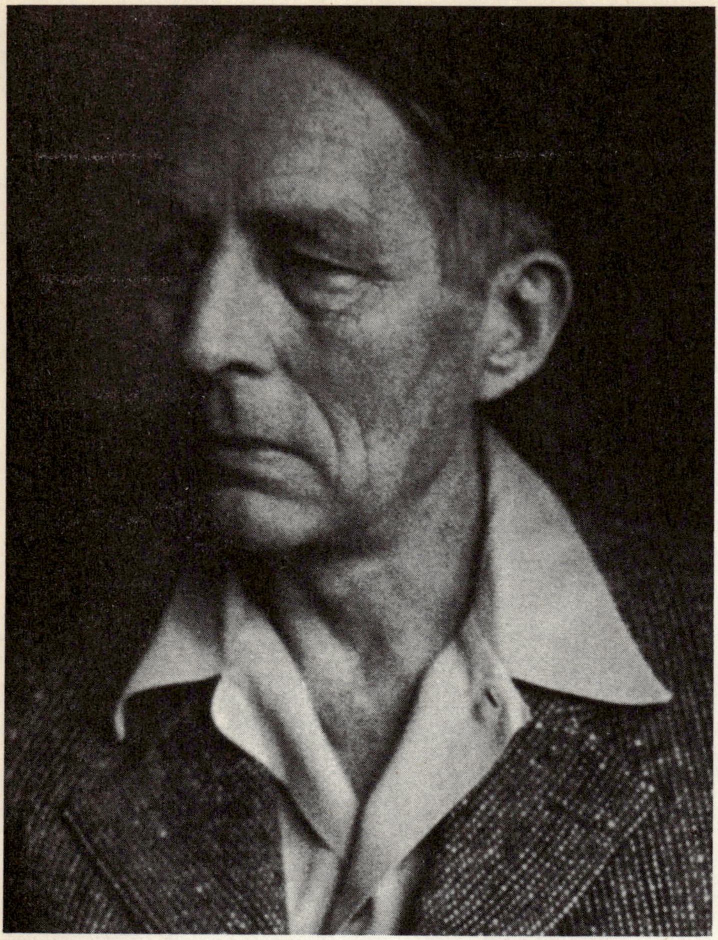

Aufnahme: Sadie Adriani

Die Exzesse von Robinson Jeffers

... Regen wird zu Gift,
Die Erde eine Gruft ...
Robinson Jeffers, 1927

Erwähnt man heute den Namen des Dichters Robinson Jeffers (1887–1962) in einem Gespräch über die Zerstörung der ökologischen Lebensgrundlagen auf unserem Planeten, über die ins unmittelbare Blickfeld gerückte Möglichkeit der atomaren Zerstrahlung der menschlichen Gattung, oder über die Sinnkrise einer Jugend, die aus ihrer vergifteten und denaturierten Umwelt aussteigen möchte, so begegnet man fast ausnahmslos blanker Unkenntnis. Das gilt sogar für akademische Kreise, die ansonsten über die großen, mittleren und kleinen Reputationen der anglo-amerikanischen literarischen Moderne durchaus auf dem laufenden sind. Dieses Verschwinden eines großen amerikanischen Dichters aus dem allgemeinen Bewußtsein trägt alle Merkmale einer recht absonderlichen Verdrängung, der wir hier ein wenig nachgehen wollen. Wie anders ließe es sich sonst erklären, daß dieser Mann, der sich seit dem Jahr 1925 in über einundzwanzig Gedichtbänden mit den Problemen auseinandergesetzt hat, die für uns derzeit von so brennender Aktualität sind, heute vergessen ist? Schon zu so früher Zeit hatte der Dichter, der unter seinen literarischen Kollegen wie ein Dinosaurier im Hirschpark wirkte, ein geschärftes Sensorium für die unterschwelligen Bedrohungen des Lebens und der Natur entwickelt und daraus für seine Dichtung wie für sein Leben die heroisch durchgehaltene praktische Konsequenz des persönlichen Aussteigens aus der Industriewelt gezogen.

Sein Werk stellt somit ohne den üblichen Bruch zwischen Theorie und Praxis gelebte Dichtung dar. Dabei war Robinson Jeffers alles andere als naiv in seinem Entschluß: er wußte nur zu gut, was er mit dem Rückzug aus der westlichen Kultur aufgab, denn er hatte unter Anleitung seines strengen kalvinistischen Vaters, eines Professors am Presbyterian Theological Seminary in Allegheny (Pittsburgh), frühzeitig die humanistischen Werte der Alten Welt in sich aufgenommen. Bereits im Alter von zehn Jahren konnte er fließend Griechisch und Latein. Es folgten Internatsjahre auf dem alten Kontinent, wo er in Leipzig, Luzern, Zürich, Lausanne und Genf Deutsch, Französisch und Italienisch lernte. Als er, erst sechzehnjährig, das Studium aufnahm – an verschiedenen Universitäten der USA und in Zürich –, wandte sich sein Interesse allmählich von der Theologie, Philosophie und Philologie ab und den naturwissenschaftlichen Fächern zu: Geologie, Astronomie, Medizin und Forstwissenschaft, wobei er abermals alle Examen glänzend bestand. Während der Studienzeit lernte der Achtzehnjährige (1905) in einem Seminar über *Faust II* Una Call Kuster kennen, die zwei Jahre älter als er und bereits seit drei Jahren verheiratet war. Erst acht Jahre später, nach Unas Scheidung, die in der Sensationspresse von Los Angeles Schlagzeilen machte, konnten die beiden heiraten. Der Ausbruch des 1. Weltkrieges verhinderte die geplante Niederlassung in Europa oder der Ägäis, und nun kehrte sich Jeffers mit seiner jungen Frau voll Abscheu von den kulturellen Werten der Alten Welt, aber auch von der verstädterten und industrialisierten Zivilisation der Neuen Welt ab: »zurück zur Natur«, d. h. an die Küste von Monterey in Kalifornien. Dort, im damals noch wilden und kaum besiedelten Gebiet von Carmel, baute er sich 1919 ein Haus, »Tor House« und, mit eigenen Händen, einen Felsenturm, »Hawk Tower«, aus rohen Blöcken, die er vom Strand heraufwälzte.[1]

Wie einst Thoreau versuchte er mitten in der kommerzialisierten, konsumorientierten Umwelt Amerikas, wo »das Angebot die Nachfrage erzwingt« (Marx), eine Existenz als Dichter und Philosoph, indem er seine Bedürfnisse auf einen Grundstock von primären Notwendigkeiten zurückschraubte. »Ich möchte den Tatsachen des Lebens gegenübertreten«, hatte Thoreau 1845 in *Walden* geschrieben, »den eigentlichen Fakten, also den Phänomenen und Gegebenheiten, die uns von den Göttern zugedacht waren, von Angesicht zu Angesicht.«

Die Außen- und Innenarbeiten am eigentlichen Haus waren 1919 abgeschlossen. Er bezog das ständig weiter ausgebaute Anwesen und lebte von nun an abgeschirmt von der Außenwelt mit seiner Frau und den beiden Söhnen: »Es ist besser, auf Granit gebettet zu sein als auf Illusionen«, meinte er. Es war ein hartes Leben, geteilt zwischen der Arbeit an seinen Gedichten vormittags und den Steinmetzarbeiten nachmittags. Zugleich forstete er den baumlosen Küstenvorsprung auf mit Hunderten von Bäumen – Zypressen und dem australischen Eukalyptus:

> ...
> Suchst du den Ort nach ein paar Lebzeiten,
> Wird vielleicht noch etwas stehn vom Wald,
> den ich gepflanzt hab –
> Die australischen Bäume mit den blaugrünen
> Blättern oder die Küstenzypressen,
> Zerschlissen vom Sturmwind; aber Feuer und Axt
> sind wahre Teufel.
> Such nach Grundfesten aus meergeschliffnem
> Granit; meine Finger kannten die Kunst,
> Die den Stein dem Stein zugetan macht, du wirst
> einen Rest davon finden ...[2]

Jeffers hatte sich sein Aussteigen aus der zivilisierten Umwelt nicht leicht gemacht – 14 Jahre habe er benötigt, wie er einmal äußerte, um sich ganz von ihren Zwängen zu befreien. Auslösender Faktor war das Nietzsche-Wort gewesen: »Die Dichter? Die Dichter lügen zuviel« – es traf den Neunzehnjährigen wie ein Blitzstrahl: »Ich nahm mir vor, keine Lügen in dichterischer Form zu erzählen; keine Gefühle vorzutäuschen, wo ich keine hatte; nicht vorzugeben, daß ich an Optimismus oder Pessimismus oder an einen unumkehrbaren Fortschritt glaubte; nie etwas nur deswegen zu sagen, weil es wohlgefällig oder weithin akzeptiert oder bei den Intellektuellen Mode war, wenn ich nicht selber daran glaubte; und nicht ohne weiteres irgendwas zu glauben. Diese Negationen engen das Feld schon etwas ein.«[3]

Von dem Literaturbetrieb der Zeit, der unter dem wachsenden Einfluß der »New Critics« ab 1930 immer ausschließlicher auf die Experimente und Neuerungen der eklektischen und »schwierigen« Dichter – T. S. Eliot, Wallace Stevens u. a. m. – fixiert war und jede Beschäftigung mit der Sinnfrage ächtete, hatte er sich durch diese Vorsätze grundsätzlich ausgegrenzt. Robinson Jeffers seinerseits konnte mit dem akademischen Zititismus und der extremen Fixierung auf das Formalistische, die

die literarische Moderne beherrschten, wenig anfangen. Für ihn hatten die großen und letzten Fragen absolute Priorität gegenüber solcher Sekundärwirklichkeit – Fragen wie der Sinn des Daseins und des Leidens, die Stellung des Menschen in der Natur, der Tod, die Existenz oder Nicht-Existenz Gottes. Das waren genau die Fragen, die der modische Intellektualismus ins Abseits geschoben hatte und die bis zum heutigen Tag als Zumutung oder ziemliche Geschmacklosigkeit empfunden werden. Doch Jeffers in seiner Unbedingtheit öffnete die Türen des avantgardistischen Salons, des Cafés oder des Hörsaals auf die Wildbahn einer primären Wirklichkeit. In seinen Augen war die modische Sucht nach formaler Originalität nur »doktrinär getarnter Instinktverfall«. Der Dichter, schreibt er, sollte »die Selbstverliebtheit und die alberne Gelehrsamkeit, die Primanerwitze und die ertüftelten Metaphern, die Sprunghaftigkeit und die forcierte Mystifikation, die in der zeitgenössischen Dichtung vorherrschen, hinter sich lassen«,[4] nur so würde seine Sprache wieder direkt und natürlich werden, und wenn er etwas Neues und Wichtiges zu sagen hätte, dann käme es ihm eben deshalb auf Deutlichkeit an. Wirklich gelangte dieser Dichter, der an theologischer, philosophischer und naturwissenschaftlicher Beschlagenheit die zitatfreudigen Dichter der Moderne bei weitem übertraf, zu einer Sprache, die die schwierigsten Probleme der Zeit angeht, ohne eine Barriere von angelesenem Bildungsbombast zwischen sich und dem Leser zu errichten.

Trotz seiner Ablehnung der kritischen und experimentellen Tagesmoden wuchs Jeffers' Ansehen in den 20er und 30er Jahren unaufhaltsam, und als in den Nachkriegsjahren seine Bearbeitungen griechischer Tragödien am Broadway und in verschiedenen Ländern Europas zu Sensationserfolgen wurden, schien der Rang dieses Einsiedlers unter den Dichtern der Gegenwart gesichert. Doch schon zeigten sich die Ansätze zu seiner posthumen Mißliebigkeit. Etwa hatte Yvor Winters, ein führender Kritiker der Schule des »New Criticism« (und Jeffers' Rivale um den Titel des »Californian Poet«), schon 1930 befunden, Jeffers' Aussagen seien »schlecht ausgedacht und wesensmäßig trivial«.[5] 1957, siebenundzwanzig Jahre später, griff der Lyriker Kenneth Rexroth in einer erneuten Attacke darauf zurück, hauptsächlich infolge von Jeffers' Einfluß auf den aufsteigenden »West-Coast«-Lyriker William Everson,[6] den Rexroth zu seinen Anhängern zählte. Dabei lobte er Winters' Kritik genießerisch als »einen der verheerendsten Angriffe der modernen Kritik... das Ansehen von Jeffers, das damals seinen Zenith erreicht hatte, hat sich nie davon erholt, sondern ging ständig bergab. Die jungen Leute von heute lesen ihn einfach nicht.«[7] Tatsächlich bedarf die Dichtung von Robinson Jeffers, anders als die von den »New Critics« so hochgelobten Modernen, zu ihrem Verständnis nicht der akademischen Interpretation, Quellenangaben und Fußnoten, die ganze Generationen in Brot gesetzt hat. Heute ist der »New Criticism« längst selber ins modische Abseits geraten, aber seine Folgen leben weiter – vor allem in der Pedantisierung und Verengung der Lyrik, die derzeit fast ausschließlich an Hochschulen geschrieben und gelesen wird, so daß sie eigentlich nur noch durch eine Art künstlicher Beatmung in der akademischen Sekundärwirklichkeit fortexistiert.

Jeffers selber hatte es schwerlich darauf angelegt, die Kollegen an Popularität zu übertreffen: »Angestarrt und interviewt zu werden, verfolgt von Müßiggängern und Autogrammjägern, von neugierigen Bewunderern ausgefragt werden, das ist wirklich ein trauriger Unfug. Und solche Berühmtheit ist auch destruktiv, wenn man sich davon einnehmen läßt; sie vergeudet die Energien, die man besitzt, an Selbstgefangenheit, sie zerstört alle Spontaneität und verunreinigt die Quellen des Denkens.«[8] Worauf Jeffers aus war, war nicht der Ruhm, sondern die Wahrheit, gleichgültig ob die jemand ansprach oder nicht. So ist es auch offenkundig, daß seine Texte gerade von denjenigen nicht zur Kenntnis genommen werden, die für ihre eigene Person nicht imstande sind, ohne die Lügen zu leben, die die drohenden Katastrophen beschleunigen: die Lügen einer Rüstungspolitik des atomaren Gleichgewichts (aufgrund des Prinzips von »Overkill«); die Lügen einer sozialen Sicherheit (aufgrund von industriellen Wachstumsraten, die auf dem Konkurrenzprinzip und dem Raubbau an den Lebensgrundlagen basieren); die Lügen des allgemeinen Wohlstands (aufgrund der tödlichen Droge eines passiven Konsums, der die Verelendung der nicht-industriellen Völker immer mehr vorantreibt). Weil Jeffers sich von derlei Lügen radikal abgesetzt hatte, konnte er 1948 den Band *The Double Axe* veröffentlichen – mitten im Siegestaumel, der seine Landsleute befallen hatte, die sich damals rückhaltlos dem Glauben an Amerikas imperialistische Weltmission verschrieben und im patriotischen Massenrausch das Sinnversprechen vergaßen, nach dem die Vereinigten Staaten angetreten waren, um sich einer globalen Vormachts-Ideologie hinzugeben.[9a] Die Empörung über die Gedichte, die Jeffers während der Kriegsjahre und unmittelbar danach verfaßt hatte, war dann auch grenzenlos. Sogar der Verlag, der über all die Jahre seine Gedichtbände publiziert hatte, befand es für nötig, sich im Buch selber von seinem Autor zu distanzieren. Seine Gedichte verschwanden aus den Gedichtanthologien.

Was Jeffers seinen triumphierenden Landsleuten ins Gesicht sagte, war: »Es erscheint mir an der Zeit, daß das Menschengeschlecht anfängt, sich wie ein Erwachsener aufzuführen statt wie ein egozentrisches Baby oder ein Geisteskranker.«[9b] In seinem Band stellt er fest, daß die Öffentlichkeit von den Politikern in den Krieg hineingelogen worden war, daß die Gefallenen von den politischen »Repräsentanten«, denen sie ihre Stimme gegeben hatten, aus Ehrgeiz und Geltungssucht um ihr Leben betrogen worden waren; daß der amerikanische Eingriff in die Weltpolitik zur Folge gehabt hätte, daß alle anderen Mächte nivelliert und nur zwei übrig geblieben waren – die USA und die UdSSR, womit der nächste Weltkrieg bereits vorprogrammiert sei. Ein weiteres Mal nimmt Jeffers die Persona der Kassandra an und sagt den Vereinigten Staaten voraus, daß auch sie das Trauma der Niederlage erfahren würden (wie es im Vietnam-Krieg tatsächlich geschah). In der Verserzählung »The Love and the Hate« des Bandes berichtet er, wie ein junger amerikanischer Soldat, Hoult Gore, der im pazifischen Kriegsschauplatz gefallen ist, als Geist zur elterlichen Ranch in Kalifornien zurückkehrt, um voll dämonischer Wut die Eltern, den patriotischen Vater und die laszive Mutter, die ihn in den Krieg geschickt hatten, mit Blasphemien und abstoßenden nekrophilen Sexualakten in den Tod zu treiben. Der Leichnam des jungen GI ist in gewissem Sinne der Leichnam der westlichen Zivilisation: sein Kadaver »bedeckt die Welt und reicht nach Asien hinüber«.

Der viehische Blutrausch und der Wahnsinn der modernen Materialschlacht, meint Jeffers, erschöpfe sich nicht im Tod der Beteiligten, das zeige sich darin, daß keinerlei menschlicher Anstand, keine Rücksicht von Mensch zu Mensch solche Ereignisse überstehen könne. Die Greuel, die amerikanische Soldaten späterhin, etwa in My Lai, verübten, bewiesen seinen Landsleuten schockhaft die Wahrheit dieser Feststellung. Aber auch in den sogenannten Friedenszeiten macht sich die durch den Krieg bewirkte Verrohung der Sitten fortschreitend bemerkbar. Die von den Medien tagtäglich reproduzierten politischen Gewaltbotschaften ebenso wie die fiktiven serialisierten Grausamkeiten der Unterhaltungsindustrie sorgen für die allgemeine Immunisierung der Öffentlichkeit gegen die reale Gewalt, die – in der medialen Simulation – genossen und verinnerlicht werden kann. Robinson Jeffers hatte die professionellen Patrioten zutiefst empört, und von nun an blieb er, trotz sonstiger Erfolge und Ehrungen, ein von den öffentlichen Medien weitgehend Geächteter. Der kritische Konsensus der »New Critics« hatte eine Ergänzung gefunden von der Seite des »American Dream«, will sagen von der Seite der Geschäftspragmatiker, der Machtpolitiker und der »moral majority«, denen Jeffers' Zivilisationskritik wie eine Gräte im Halse stecken blieb. Die vielgepriesene formale Demokratie unserer Tage war für ihn ja auch keineswegs die Erfüllung der ursprünglichen amerikanischen Revolution, sondern nur eine lukrative Abart der Sklaverei:

Freiheit? Freiheit war ein Feuer.
Wir haben uns davon befreit, wir fanden Wohlstand.[10]
(1937)

Dennoch bleibt seine Größe bis auf den heutigen Tag unbestritten, wiewohl sie nicht näher in Augenschein genommen wird. In Deutschland ist Robinson Jeffers wohl der einzige große amerikanische Dichter des Jahrhunderts, der bislang unübersetzt blieb.[11] Aber die Verdrängung, von der wir anfangs sprachen, hat noch tiefere, weniger von der unmittelbaren Zeitsituation abhängige Ursachen. Sie ist letztlich Ausdruck einer Krise der westlichen Vernunft überhaupt. Jeffers selber war sich ja durchaus bewußt, daß er mit den blutrünstigen Fabeln seiner erzählenden und dramatischen Langgedichte die Leser abstieß. Aber die ungeheuerlichen und widernatürlichen Extreme, die er seinen Charakteren zudachte, haben eine bestimmte Funktion – sie sollen die Menschen aus den Zwängen, den kleinen Unlustgefühlen und den eingefahrenen Gewohnheitsbahnen ihres entfremdeten und verstädterten Daseins reißen, die ihnen die größeren Zusammenhänge ihrer Verstrickung verbergen.[12] »Dies Buch«, schrieb er 1927 über die *Women at Point Sur*, »stellt einen Versuch dar, das menschliche Denken zu dezentralisieren. Es gibt keinerlei geistige Gesundheit für denjenigen, dessen Gedanken sich ausschließlich mit dem eigenen Bewußtsein und mit den eigenen Denkprozessen beschäftigen; ebenso gibt es keinerlei geistige Gesundheit für eine Gesellschaft, die unentwegt nach innen, auf ihre eigenen Angehörigen fixiert ist, wie es die unsere in immer wachsendem Maße ist – alles Interesse einwärts gekehrt, in Liebe oder Haß, im Miteinander oder Gegeneinander. Diese Dinge sind natürlich unerläßlich, aber wenn sie die Aufmerksamkeit ausschließlich in Anspruch nehmen, werden sie tödlich. Alle Hochkulturen der Vergangenheit sind zuletzt an ihrer Introversion gestorben, die unsere wird ebenfalls daran zugrunde gehen; aber der einzelne kann sich in seinem Denken aus diesem Netz befreien. Es ist eine Sache der ›Umwertung der Werte‹... Ich habe oft den Inzest als Sinnbild und Ausdruck solcher Introversion benutzt... Diese Erzählung war als tragische Handlung gedacht, d. h. als das Freilegen der eigentlichen Lebenselemente über eine Kauterisierung der unwesentlichen Anwüchse durch Schmerz und lähmenden Verfall.«[13] Im größeren Rahmen der unendlichen Vernetzung der Dinge gesehen, sei das menschliche Bewußtsein, das sich selbst diese Blendwerke von Macht, Qual und Untergang schafft, nichts als »das Träumen, zuweilen der Alptraum der Natur«. Diese Totalisierung ist es, bei der Jeffers ansetzt und zu der seine Dichtungen in einem analogen Verhältnis stehen. Seine Weltanschauung hat er darum auch als »Inhumanismus« bezeichnet, d. h. als die Ablehnung des westlichen Dogmas von der zentralen Stellung des Menschen im Kosmos, den der Nutzmensch von heute in blinder Besitzgier als die ihm zustehende Kolonie zu betrachten neigt. Aus diesem

Grunde sei alles, was er schreibe, grundsätzlich »eine Satire auf das menschliche Selbstgefühl«.[14] Ähnlich wie der große römische Dichter Lukrez in seinem philosophisch-naturwissenschaftlichen Lehrgedicht *De rerum natura*, auf das Jeffers wiederholt zurückkommt, geht es ihm um das schmerzhafte Bewußtmachen des Umstands, daß der Mensch nur ein Bestandteil eines größeren, sich selbst regelnden Daseins ist, das ihm auf keine Weise »gehört« oder zur Verfügung gestellt ist. Uns Menschen von heute ist dieser Gedanke angesichts des immer häufigeren »Umkipppens« der Natur allmählich geläufig geworden. Aber Jeffers sah den ökologischen Zusammenhang schon im Jahr 1927, wie uns das Gedicht »The Broken Balance« zeigt – damals eine ungeheure Leistung:

Die Welt verbraucht sich an Umschwüngen, Regen wird zu Gift,
Die Erde eine Gruft. Es ist Zeit zu vergehen.
Die Reben sind zerfressen, sogar die Fülle der Natur
Kränkelt das an, was ihre Grausamkeit zuvor gekräftigt hatte.
Steht man erst auf dem Scheitelpunkt der Zeit, ist es Zeit
zu vergehen.[15]

Die idealistische Metaphysik des westlichen Geistes hat das menschliche Bewußtsein zum Schöpfer der Realität erhöht und will keine Realität neben sich anerkennen. Aus diesem Grunde ist, nach Jeffers' Überzeugung, die wahre Hölle des Menschen unsrer Zeit der hypertrophierte menschliche Ich-Begriff, die zunehmende Unfähigkeit der subjektiven Vernunft des Menschen, sich selber zu transzendieren oder zu negieren. Aus dieser Ich-Befangenheit der Industriemenschen, die sich von allen ökologischen Grundlagen und Rückkopplungen abgeschnitten haben, nährt sich jene falsche Auswichtung zwischen dem Menschlichen und Nicht-Menschlichen, die unsere »Naturbeherrschung« ausmacht.

Zivilisierte, ihr, die danach schreit, wieder menschlich zu sein:
so fängt man es an –
Kehrt euch nach außen, wendet eure Liebe an die Dinge
der Außenwelt, weg von der Menschheit,

Laßt diese Kunstfigur ruhn. Betrachtet, wenn ihr wollt,
die Lilien des Feldes,
Lehnt euch an den stummen Fels, bis ihr sein heiliges Leben
spürt,
Laßt eure Adern erkalten, seht auf das schweigende Sternenheer,
erklimmt mit euren Augen
Die große Leiter aus dem Schacht eures Ich
und der Menschheit...[16]

Das Ich und sein Bewußtsein von sich selber gilt freilich im westlichen Denken seit nunmehr zweihundert Jahren als alleiniger Träger der Vernunft. Was rational ist, definiert sich in der Folge ausschließlich am »vernünftigen Eigeninteresse«, und jede Sinngebung über die Egoismen der Individuen hinaus, die diese in einen größeren Zusammenhang binden könnte, wird als metaphysischer Schein oder ideologischer Betrug geächtet. Auf diese Weise schafft die moderne Technologie aufgrund von wissenschaftlichen Einzelerkenntnissen ein gigantisches Robotersystem, das die gemeinsamen natürlichen, gesellschaftlichen und psychologischen Lebensgrundlagen aushöhlt – letztlich als eine eng verzahnte Maschine, die ohne Ziel oder Ende abläuft und der sich der einzelne heute mutlos und machtlos unterworfen sieht. Der Begriff der Emanzipation, von dem die Aufklärung ausging, also die Befreiung des Menschen aus der gesellschaftlichen und natürlichen Übermacht der Verhältnisse, ist durch die konzentrischen Reduktionen der instrumentalen und technischen Vernunft schizophren geworden. Die beiden Momente der Emanzipation: die Bewältigung der Natur durch menschliche Arbeit und die Selbstverwirklichung des einzelnen in der Gesellschaft, treten heute in Gegensatz zueinander, denn die erstere erfordert die völlige Unterwerfung und Entmachtung des einzelnen zugunsten der industriellen Produktion, während seine Selbstverwirklichung an das menschliche Sinnbedürfnis gebunden ist – dem invariablen Verlangen nach Wiederherstellung einer »unverzerrten Kommunikation« (Habermas), also einer Kommunikation, die nicht durch die egoistischen Zwecke von Gewinn oder Macht beschnitten ist: »wenn Macht und Wünschen zu vermählen wären«, heißt es bei Jeffers. Doch die kommunikative Ratio wird im Gegensatz zur instrumentalen Ratio unter der Herrschaft von kontrollierenden Technokraten, Medienmanagern und Sicherheitsexperten immer stärker eingeengt. Wir orientieren uns fast ausschließlich an einer »Rahmenlogik«, d. h. einer Argumentation, die im vorgegebenen Rahmen spezifischer Interessen – wie der Kapitalverzinsung – rational ist, nicht aber aufs Ganze gesehen. Die instrumentale technische Vernunft hat die Zwecke und Mittel auseinandergerissen, die Rationalität der Mittel schreitet fort »bei ungeminderter oder womöglich anwachsender Irrationalität der Zwecke« (Th. W. Adorno).[17] Wenn wir bedenken, daß wir in diesem Jahrhundert über einhundert Millionen unserer eigenen Gattung abgeschlachtet haben, immer im Namen von vernünftigen und legitimen Eigeninteressen, dann dämmert uns vielleicht, was es bedeutet, unter dem Diktat einer »Vernunft« zu stehen, die sich allein aufgrund des subjektiven Interesses des einzelnen und der Gruppe und gegen das subjektive Interesse aller anderen einzelnen und Gruppen rechtfertigt und dabei die absolute imperiale Verfügungsgewalt über die »vernunftlose Natur« beansprucht.

Wir machen uns zuwenig klar, daß unsere herrschende Rationalität über eine ständige Verengung der größeren Sinnversprechen entstanden ist, durch die sich die fortschreitenden industriellen Produktionsweisen rechtfertigten – eine analytische Reduktion, die die riesige Komplexität der realen Erfahrung in immer kleinere und abstraktere Einheiten aufgespalten hat. Die Atomisierung der Wirklichkeit findet heute ihren vielleicht prägnantesten Ausdruck in den Reduktionen der Mikroelektronik, die alle Realität auf das Entweder-Oder von Sein und Nicht-Sein polarisiert hat, bzw. auf die binären Zahlenfolgen von Null und Eins, und so die Wegrationalisierung der Arbeitsplätze der Mehrheit zugunsten der vernünftigen und legitimen Bereicherungsinteressen von einzelnen und Gruppen in die Wege leitet. Aber die subjektive Vernunft des Westens entwickelte sich eigentlich schon seit jeher über die progressive Einschränkung eines Sinnumfangs auf den materialistischen Punkt. Etwa konnte man, nachdem die Aufklärung einmal die sinngebende Feststellung gemacht hatte, daß es eine allgemeine menschliche Natur gäbe und dem Menschen deswegen von Geburt gewisse Grundrechte (»Naturrechte«) zustünden, zur praktischen Tagesordnung übergehen und die menschliche Natur umso ungestörter vergewaltigen. Nachdem man einmal festgestellt hatte, daß die formale Demokratie die gerechteste Gesellschaftsform war, konnte man in der Folge die Gerechtigkeit auf sich beruhen lassen und sich dem reinen Ausbeutungspragmatismus hingeben; dasselbe gilt für die sinngebende Konstante des freien Marktes: nachdem man sich überzeugt hatte, daß er immer das größtmögliche Wohl der größtmöglichen Zahl bewirkte, konnte man vom Wohl der großen Zahl ganz absehen und ein Drittel der Weltbevölkerung auf die Hungergrenze reduzieren – ganz zu schweigen von der eigentlichen und permanenten Grundlage der Ausbeutung: der Natur. In all diesen sich stetig verengenden Reduktionen der subjektiven Vernunft erweist es sich als Gesetz, daß die permanenten Faktoren jeder Sinnkonstruktion in der Praxis vernachlässigt werden können, was Fortschritt und Wachstumsraten nicht unerheblich beschleunigt haben dürfte. Unsere Ratio entstand schrittweise in einem Schrumpfungsprozeß mittels der Synekdoche, d. h. der immer wiederholten Setzung eines engeren Begriffs für den umfassenderen. Wenn dann die Reduzierung weit genug fortgeschritten war, konnte das vorangegangene Sinnversprechen materialistisch »entlarvt« und seines Nimbus beraubt werden. Grundsätzlich wurden dabei geistige Qualitäten zu materiellen Quantitäten reduziert (wobei die »Materie« abstrakt zu verstehen ist: als ein Phänomen ohne andere als Zahleneigenschaften). Ein atomistisches Vokabular, um einen Gesamtkomplex in seine zahlenmäßigen Partikel aufzuspalten und zu beschreiben, ließ sich dabei immer aufstellen.

Tatsächlich sind aber diese rationalen Reduktionen in einem anderen als dem subjektiven Verstande unvernünftig, weil sie den radikalen Verzicht des Denkens auf alle größeren Fragen darstellen. Wenn das synekdochische Vorgehen die organische Komplexität auf die atomistische Simplizität, die sinnliche Konkretheit der Erfahrung auf die wirklichkeitsentleerte Zahl reduziert, dann ist das so, als ob man den menschlichen Leib erst zum Leichnam reduzierte, den man auseinanderschneiden kann, um die organischen Prozesse zu beschreiben, oder als ob man ihn verbrännte um die chemische Zusammensetzung der Asche für

Realität und Wesen des Menschen auszugeben. In analoger Weise erfolgt die Zerstörung der Biosphäre durch eine industrielle Zivilisation, die ihre numerische Profitsteigerung für »Reichtum« ausgibt, während sie die im Laufe der Evolution allmählich gewachsene Differenzierung des Organischen rückgängig macht und alle vorgefundenen Lebenszusammenhänge nach quantitativen Kriterien in ihre Einzelteile zerlegt, um sie besser ausbeuten und kontrollieren zu können. So werden überall die lebenden Instanzen der Regelkreise ausgeschaltet.

Die Erkenntnisse der fragmentarischen und subjektiven Vernunft vermitteln nur eine numerische und atomisierte »Wirklichkeit«, aber niemals »Welt«, die wahre und konkrete Welt, die nur aus der Synthese von Objekt und Subjekt entstehen kann. Eben diese Befangenheit des Industriemenschen in den Konventionen der subjektiven Vernunft und ihrer Sekundärwirklichkeit versucht Robinson Jeffers aufzubrechen, indem er den Menschen wieder in den größeren Rahmen von Natur und Kosmos stellt, wo Realität aus einem Zusammenwirken von subjektiver und objektiver Vernunft entsteht. Dabei gibt er der »objektiven Vernunft« – die man im Mittelalter als »göttliche Vernunft« bezeichnete und die in der Aufklärung durch den Begriff der »Natur« und ihrer Gesetzlichkeit abgelöst wurde – deutlich die Übermacht über die subjektive Vernunft mit ihrer angemaßten »Naturbeherrschung«:

In künftigen Tagen wird der Mensch so mächtig werden,
Daß er den Himmel und den Erdkreis zu beherrschen scheint,
Daß ihm der Weltraum und alles Wissen kund geworden
  scheint –
Er mag sich hüten. Etwas liegt heimlich auf der Lauer.
Es ist immer ein Dolch in den Blumen. Es ist immer
  ein Löwe am Rand des Feuerscheins.[18]

Die Vorstellung einer objektiven Vernunft, einer Vernunft ohne menschlichen Träger, bzw. einer Vernunft in der Natur, gehört wohl zu den wichtigsten hinweg-reduzierten Konstanten der westlichen Ratio. Letztlich setzt aber jede technische Erfindung die Befolgung von Naturgesetzen voraus, so daß man mit gleichem Recht von einer Kontrolle der Natur über den *homo faber* sprechen könnte wie umgekehrt. Auch die »Selbsterzeugung des Menschen« (Marx) durch die Arbeit war in jedem historischen Stadium nur eine Frage an die Natur. Somit geht eine stillschweigende Deduktion allergrößten Ausmaßes jedem wissenschaftlichen Versuch voraus: die Annahme, daß die objektive Realität ein kohärentes Ganzes bildet, in dem ein Bereich für den anderen über Analogiesetzungen erschlossen und veranschaulicht werden kann, kurz die Annahme, daß wir *nicht* in einem Zufalls-Universum leben – und das bedeutet im Grunde nichts anderes als die »metaphysische« oder »irrationale« Annahme einer objektiven Vernunft in den Dingen selbst. Mit ihr steht oder fällt die experimentelle Methode der Naturwissenschaften.

Der »poetic realism«, zu dem sich Jeffers bekennt, beruht auf einer wesensverwandten Vorstellung vom Zusammenhang zwischen Subjekt und Objekt, derzufolge Dichtung als Aktualisierung eines permanenten Dialogs zwischen Innenwelt und Außenwelt aus der Interaktion der Dinge mit dem dichterischen Organ entsteht. Der Dichter bezieht seine Worte aus dem gegenständlichen Bereich der körperlichen, sicht- und tastbaren Realität und überträgt sie auf den unsichtbaren und ungreifbaren Bereich der menschlichen Seele, oder er übersetzt seine Gedanken und Gefühle in das Idiom der sinnlich-greifbaren Entsprechungen und demonstriert so die Umkehrbarkeit der Prozesse zwischen der menschlichen Wahrnehmung und dem nicht-menschlichen Wahrgenommenen. Bei diesem Stoffwechsel wird eine ursprüngliche Relation: die Gegenseitigkeit von Geben, Nehmen und Wiedergeben rekonstruiert. Der Autor dieser philosophischen und mythischen Gedichte entfesselt seine mächtigen Bilder gegen die abstrakte sinnentleerte Begrifflichkeit der Sprache von heute und koppelt zugleich seine Gedanken zurück an das Sinnlich-Greifbare. So verleibt er die Bilder seinen dramatisch-epischen Erzählungen, in denen Denken als Praxis durchlebt wird. Diese Lyrik ist folglich »poiesis«, Dichtung im ursprünglichen griechischen Sinn des Wortes, das gleichzeitig »das Machen, das Tun, die Handlung« bedeutet, sie ist dialogisches und mythisches Geschehen, in dem die Sprache der Dinge sich gleichberechtigt mit der Sprache des Autors äußert. Das Nicht-

Ich – das, was Jeffers das »Inhumane« nennt – bleibt für ihn etwas Nicht-Manipulierbares, aus dem sich sein »poetischer Realismus« konstituiert. Etwas Ähnliches hatte E. Husserl im Sinn, als er schrieb: »Das Raumding, das wir sehen, ist bei all seiner Transzendenz wahrgenommenes, in seiner Leibhaftigkeit bewußtseinsmäßig Gegebenes. Es ist nicht statt seiner ein Bild oder Zeichen gegeben. Man unterstelle nicht dem Wahrnehmen ein Zeichen- oder Bildbewußtsein.«[19]

Im Sinne eines derart dialektischen Realismus sind auch die Ausführungen von Jeffers über einen anderen vitalen Leitbegriff seiner Dichtung zu verstehen: »Ich sagte vor kurzem etwas über die Schönheit des Universums, die unsere Liebe und Verehrung auslöst. Die Schönheit ist eine subjektive Empfindung wie die Farbe. Sie liegt nicht im Objekt, sondern im Bewußtsein, das es betrachtet. Dennoch glaube ich, daß sie etwas tatsächlich Vorhandenem entspricht, einer realen Vortrefflichkeit und Erhabenheit der Welt, so wie die Farbe ›rot‹ einer Realität entspricht – bestimmten Wellenlängen des Lichts, einem gewissen Rhythmus seiner Schwingungen. Es war Platon, der die Schönheit als Ausstrahlung definiert hat, das Hervorleuchten des Wahren.«[20] Die Schönheit, die er meint, ist somit für Jeffers eng mit seiner Vorstellung des Wahren verknüpft, d. h. mit einer objektiven Ordnung, die er zuweilen auch rückfällig als »Gott« bezeichnet, wiewohl das Gemeinte an dem Gedicht »Betrachtungen über einen menschlichen Schädel« (S. 61) viel präziser zum Ausdruck kommt. Er selber erläutert dazu: »Ein weiteres Thema, das meine Verse öfters behandelt haben, ist der Ausdruck eines religiösen Empfindens, das man vielleicht Pantheismus nennen sollte, obwohl ich es ungern mit einem Namen belege. Es ist das Gefühl – ich wage zu sagen die Gewißheit –, daß das Universum *ein* Lebewesen ist, ein einziger Organismus, ein großes Leben, das alles Leben und alle Dinge in sich einbegreift und das so schön ist, daß man es lieben und verehren muß. Und in Augenblicken mystischer Vision identifizieren wir uns mit ihm. Dies ist in gewisser Weise genau das Gegenteil des orientalischen Pantheismus. Der mystische Hindu findet Gott in seiner eigenen Seele, für ihn ist die Außenwelt eine Illusion. Für das andere Empfinden hinwiederum ist die Außenwelt wirklich und göttlich, die eigene Seele aber könnte eine Illusion genannt werden, so vergänglich und hinfällig wie sie ist. Dies ist die Erfahrung, die mein Orest am Ende eines langen Gedichtes *The Tower Beyond Tragedy* [deutsch: *Die Quelle*] macht.«[21]

Der wiedergewonnene Sinn für die primäre Wirklichkeit der nicht-menschlichen Außenwelt wäre der erste Schritt zur Genesung von der inzestuösen Selbstbefangenheit des Menschen, die ein Hauptanliegen dieser Dichtung ist: »Wenn ein Mensch alle seine Gefühle in den eigenen Körper und die eigenen Gemütszustände investiert, dann ist er geisteskrank und seine Krankheit nennt sich Narzißmus. Entsprechend verwendet meines Erachtens die Menschheit insgesamt zuviel Gefühl an sich selbst. Der glücklichste und freieste Mensch ist der Wissenschaftler, der die Natur befragt, und der Künstler, der sie bewundert, kurzum der Mensch, der sich für Dinge interessiert, die nicht menschlich sind. Oder, wenn er an den Menschen Anteil nimmt, dann soll er sie objektiv sehen, als einen sehr kleinen Teil der großen Musik... Das steht der humanistischen Einstellung denkbar fern, aber es ist im Grunde die christliche Haltung – Gott zu lieben von ganzem Herzen und seinen Nächsten wie sich selbst: so sehr aber auch *so wenig*, wie das.«[22]

Das Erlöschen des Ich, der Tod, bekommt durch dieses Abrücken von der menschlichen Selbstwichtigkeit einen neuen Aspekt – den des Wunsches nach einer Rückkehr in das reine fraglose Sein der anorganischen Dinge, in den traumlosen Schlaf der Natur. Es ist diese Todessehnsucht, die Jeffers', von ihren Leidenschaften zerrissene, Medea befällt:

Ich möchte meine blank geschälten Knochen schlingernd
  in alle Ewigkeit,
Fahl unter schwarzen Wassern, abseits vom Licht der Sonne,
  weit und verwaschen:
Ich wünschte, daß schleimschlickriger Tang anwüchse,
  wo mein Blut fließt, kalt, schwarzgezaddelt...[23]

Aber es ist auch genau diese Dimension des absteigenden Lebens, die unsere auf einseitiges Wachstum ohne Kehrseite fixierte Gegenwart nicht zu akzeptieren vermag. Der westliche Identitätsbegriff beruht ja auch auf einer einseitigen, d.h. nicht umkehrbaren Behauptung der Autonomie des Ich. Gegenüber allen Zwängen von Außen und Innen definiert sich die Freiheit dementsprechend negativ – als reines Entrinnen und klammert die tragische Dimension aus, die dennoch oder vielleicht gerade deswegen eine Grunderfahrung unseres Jahrhunderts ist.

Der tragische Mythos entsteht nicht aus der Polarisierung, sondern aus der inneren Dialektik von Aufbau und Abbau, Wachstum und Verfall, Gewinn und Verlust und ist darum für die reduzierte Vernunft geradezu »das Bild alles Furchtbaren, Bösen, Rätselhaften, Vernichtenden, Verhängnisvollen« (Nietzsche).[24] Doch auch wenn der einzelne seine Sterblichkeit und sein Ausgeliefertsein an fremde Mächte weitgehend verdrängt, begleitet das unterschwellige Wissen von der Existenz dieses Abgrunds ihn lebenslang. Michel Foucault hat die Erfahrung des Tragischen eine Grenzerfahrung des abendländischen Denkens genannt: »Nietzsche wies auf die Struktur des Tragischen hin, auf der die Geschichte des Abendlandes aufbaut und die nichts anderes ist als die Ablehnung, das Vergessen und das stumme Zurücksinken der Tragödie.«[25] Eben diese Abweisung des Schrecklichen aus einem wohlstands-bürgerlichen Sicherheitsbedürfnis heraus bewirkt auch die Ausblendung des Namens »Robinson Jeffers« aus dem Literaturbetrieb. Wie sollte der Innenweltbürger auch mit dieser Vision von der »Gewalt, dem augenlosen Schrecken, dem Wurzelstock der Welt« fertig werden? In mehr als einer Hinsicht ist Jeffers der »poet of death«, den Walt Whitman vorausgesagt hat: »Was der Römer Lukrez so nobel, und doch so blind und negativ, für sein Zeitalter und dessen Nachfolger zu leisten suchte, muß im positiven Sinn von einem großen künftigen Autor, genauer einem Dichter, getan werden, der, während er durchaus poetisch bleibt, alles, was die Wissenschaft aufzeigt, zusammen mit der geistigen Natur in sich aufnehmen wird, um so aus ihnen, sowohl wie aus seinem eigenen Genie, das große Gedicht des Todes zu schreiben. Dann erst wird der Mensch sich wahrhaft der Natur, der Zeit und dem Raum stellen – mit Wissenschaft und mit Liebe, dann erst wird er seinen wahren Platz in ihnen einnehmen, lebensfähig und imstande, Glück und Unglück zu meistern.«[26]

Diese Worte Whitmans könnten recht gut auf den offen gebliebenen Zyklus *The Beginning and the End* (1963) bezogen werden, der sich in Jeffers' nachgelassenen Papieren fand. Dort zeigt sich, daß der Dichter am Ende sein lebenslanges Vorhaben wieder aufgenommen hatte, ein großes und universales Lehrgedicht nach dem Vorbild des Lukrez zu schreiben, in dem die Spaltung der »two cultures« (Philosophie und Naturwissenschaft) aufgehoben wäre. Er brachte einige Passagen zu Papier, die man zu den Sternstunden der Weltliteratur rechnen muß. Hier war es, jenes »zentrale Gedicht«, zu dem er sich einmal geäußert hatte, als er über den fehlenden »Charm« seiner Gedichte reflektierte: »Dies ist ein Mangel, der vielleicht im Lauf der Jahre behoben werden wird; dennoch, womöglich wird in dem Maße, wie der Charm kommt, etwas von der Wahrheit und Kraft wegfallen; außer in jenem zentralen Gedicht, das ich bald anzufangen hoffe und das nicht kalifornisch sein wird, dafür warte ich immer noch so geduldig wie möglich auf irgendeine Springflut, eine Glücksfügung oder einen Kraftzustrom.«[27]

Die Dichtung des Todes tritt gegen die undialektische Selbstbehauptung des Ich an, das den Gedanken der eigenen Vergänglichkeit im Kult ewiger jugendlicher Hochform ebenso verdrängt hat wie den Umstand, daß die immer steigenden Profitraten des industriellen Wachstums auf einem Abbau an anderer Stelle beruhen. Zudem hält unsere heutige Kultur, die Medienkultur (die einzige, die uns noch gemeinsam ist), einen riesigen Bejahungsmechanismus in Gang, der jeden Widerspruch als Subversion ausschließt. Hier wird die positive Einhelligkeit der öffentlichen Meinung dadurch hergestellt, daß alle negativen oder nicht-homogenen Elemente unter den Tisch fallen und somit aus der heute einzig relevanten »Realität«, der der Medien, ausgeschlossen werden. Aber: »Der Ausschluß der heterogenen Elemente aus dem homogenen Bereich des Bewußtseins hat demnach eine formale Ähnlichkeit mit dem Ausschluß von Elementen, die die Psychoanalyse als unbewußte beschreibt und die durch die Zensur vom bewußten Ich ferngehalten werden«,[28] beobachtet Georges Bataille. Der Zurückweisung alles »Negativen« aus der Realität begegnen wir auf Schritt und Tritt – sie schlägt sich nieder in den Denkverzichten der Industriebürger, oder, schlimmer: in der Internierung all derer, die das positive Bild von der Realität stören – die Alten, die Kranken, die Sterbenden – in dafür zuständige Anstalten; oder, noch schlimmer: in der Aussperrung der Dissidenten der jeeigenen Systeme von den ihnen zustehenden Existenzmöglichkeiten; oder, am schlimmsten: der Vernichtung des Andersdenkenden oder »Andersartigen« in Konzentrationslagern und Irrenanstalten und das anonyme Serien-Sterben der Tiere, die unseren Bedürfnissen zu dienen haben, in den Zuchtfabriken. Und trotz allem verschwindet der hinweggelogene Widerspruch – Tod, Leiden, Abstieg, Verlust, Scheitern – nicht aus unserem wirklichen, sondern nur aus unserem simulierten Leben: der Medien-Realität des industriellen Innenweltbürgers – und auch von dort nicht ganz. Die sogenannte liberale Demokratie ist diejenige Gesellschaftsform, die keine Opfer bringen will, so wie die industrielle Produktionsweise diejenige Form der politischen Ökonomie ist, die für ihr Wachstum nichts zahlen will. Beide funktionieren nur deshalb, weil das menschliche Opfer ebenso wie das wirtschaftliche Minus exportiert werden. Was unterm Bann des einseitigen Aufstiegswahns bejaht werden kann, das ist *Tod und Verlust der anderen*: »die Todesproduktion resultiert in einer Verdrängung des Todes, die wohl beispiellos in der Geschichte ist« (Bergfleth).[29] So ist gerade das Überlebenwollen um jeden Preis, das ständig wiederholte Lippenbekenntnis zur Gewaltlosigkeit dringend mordverdächtig: »Die ungeheuerlichen sozialen Realitäten unserer Zeit«, so R. D. Laing, »sind Gespenster, Phantome, ... unserer eigenen, wiedergängerischen Menschlichkeit, die sich umkehrt und uns heimsucht. Die Neger, die Juden, die Roten. *Sie* ... Die Textur dieses Gewebes der gemeinsamen sozialen Halluzinationen ist das, was wir als ›Realität‹ bezeichnen und unser geheimes Einverständnis mit dem Wahnsinn ist das, was wir psychische Gesundheit nennen.«[30]

Gerade die einhellig-positive Selbstbestätigung des westlichen Menschen, dieser »Triumph des Willens« über jede Fremdbestimmung, verlangt das stellvertretende Opfer. Nur durch die Personifizierung aller Übel und Negationen, die man nicht kennen will, in einem Feind läßt sich das totale Ausgeliefertsein aller in der Industriegesellschaft überspielen. Wir erkennen ein Ventil für dieses existenzielle Grundbedürfnis in den mediengerechten Explosionen der Gewalt, den Brutalfilmen der Kulturindustrie. Aber mehr noch: wir leben in der Allgegenwart einer Todesästhetik, die zu sehen wir uns weigern. Denn die moderne Staatsmacht definiert sich überall, in den realen Demokratien wie unterm realen Sozialismus wie unter den Militärdiktaturen der Dritten Welt, eben nach Maßgabe ihrer Annäherung an den Tod. Bataille beobachtet: »Die Macht konstituiert sich, indem sie den Tod, seine eisige Vollkommenheit, seine zwingende Notwendigkeit sklavisch nachzuahmen versucht. Die dauernde Gegenwart des Todes wird zum organisierenden Prinzip innerhalb der Gesellschaft. Sie ist Organisationsprinzip der politischen Sphäre, wie Organisationsprinzip der Erkenntnis.«[31]

Angesichts dieser uneingestandenen Gewalthörigkeit und Todessucht unserer Gesellschaft mag es wohl seltsam anmuten, daß die Gedichte von Robinson Jeffers allgemein wegen ihrer Grausamkeiten abgelehnt werden. Was ist an diesen Werken denn so anders? Ich glaube, die Antwort darauf kann nur lauten: die tragische Komponente. Die Fabeln, die Jeffers erfindet, sind nicht Ausdruck eines hinweggelogenen Widerspruchs. Sie treten uns bestürzend genug gegenüber, aber nicht in der Verzerrung und Mißgestalt der industriebürgerlichen Verdrängung und Polarisierung. Jeffers befaßt sich mit der Gewalt nicht, weil er sie liebt, wie ihm von den Kritikern unterstellt wird, sondern weil er sie loswerden will, statt, wie allgemein üblich, durch ihre Verinnerlichung eine heimliche Komplizität mit ihr einzugehen. So ist es auch bezeichnend, daß sich vor dem großen »culture shock« und Trauma des I. Weltkriegs, also vor 1918, keinerlei Gewalt in seinen Gedichten finden läßt. Die bloße Darstellung des Gewalt-Erleidens erfüllt ja noch keineswegs die Bedingungen der Tragödie, das blinde Ausgeliefertsein an die Gewalt führt nur zur Frustration oder neurotischen Blockierung, während die tragische Passion zu einer Vision führt, zum Einblick in den inneren Sinnzusammenhang zwischen Aktion und Passion, der bislang verborgen war. Jeffers' Präokkupation mit dem Leiden, einem Leiden, bei dem der einzelne im Vergleich zu den größeren Lebenszusammenhängen zunehmend an Wichtigkeit verliert, dient der Sinn-Entdeckung. Denn das ist die Bestimmung des Menschen als denkendes Wesen:

Dann wird der Mensch erwachsen sein. Er wird noch leiden und
noch sterben, dann aber wie ein Gott
Und nicht wie ein gequältes Tier.[32]

Im tragischen Geschehen wird die subjektive Rationalität des handelnden Ich zum größeren objektiven Sinnumfang erweitert und darin aufgehoben. Das Zusammenspiel der Kräfte in der tragischen Handlung sprengt die reduzierte Rahmenlogik, so daß größere Kräfte, die unser Dasein bestimmen, auf den Plan treten können. Das untragische Lebensgefühl hinwiederum beruht darauf, daß es sich nur auf partikulare und individuelle Ziele richtet und die Frage nach dem Gesamtzusammenhang nie stellt.[33]

Bei Jeffers nimmt nun aber die Sinnfrage die scheinbar irrationale Form eines Exorzismus der unheimlichen Mächte an, die, wie er meint, dem Menschen von heute auflauern und sich an ihm rächen wollen. Mag sein, daß der strafende alttestamentarische Gott seiner väterlichen Vorfahren und die frühkindliche Prägung durch seinen Vater diesen paranoiden Zug seiner Dichtung bedingt hat.[34] Für seine Person bekennt er in dem frühen Gedicht »Apologie für böse Träume« (1925), daß seine erzählenden Gedichte als poetische Blutopfer gedacht sind, die das Böse von ihm selber und von den Seinen abwenden sollen. Den Krebstod seiner geliebten Una (1950) und sein eigenes Altersleiden führt er später darauf zurück, daß er bei seinen alljährlichen Opfern »alt und saumselig« geworden sei:

... So hörte ich
Auf meinen Dämon, der mich warnte, daß Unheil
auf mich zukäme
Sobald ich einhielte in meiner Arbeit und keine Opfer brächte
An ausgemalten und erdachten Menschenleben.[35]

Das Gefühl einer übermächtigen Bedrohung, einer Schuld auch, die für sein persönliches Lebensglück abzuleisten wäre, blieb immer gegenwärtig. Ein solches Gefühl ist, allgemein gesprochen, der Ausdruck des unzerstörbaren archaischen Triebgrunds im vermeintlich so rationalen Menschen:

der raubtierdumpfe, wahnverseuchte Schacht
der Menschenseele[36]

wie Jeffers ihn nennt. In den Triebstrukturen leben als eine Art kollektiver Erinnerung Prägungen aus der Frühgeschichte der Menschheit fort, besonders einige Motivationen, die dem kultischen Opfer der Naturvölker zugrunde lagen. Diese sind nicht, wie der Mensch unsrer Tage gern annimmt, deswegen irrational, weil sie Lebensmittel »sinnlos vergeuden« und auf diese Weise eine Art Anti-Produktion darstellen, denn sie dienen ja einer anderen Produktion, einer »Sinnproduktion«, die wir nach unserem heutigen Verständnis »ökologisch« nennen dürfen.[37]

Dem Menschen der Frühzeit erschien es nämlich als Frevel, irgend etwas von der Natur zu nehmen, ohne es ihr, zumindest symbolisch, zurückzuerstatten. Die Natur als bloße verfügbare Materie des Menschen war den Menschen auf dieser frühen Stufe eine durchaus fremde Vorstellung. Sie war die Mutter allen Lebens, und die Menschen sahen sich in einer Kontinuität und Abhängigkeit von der Kette des Lebens: Tier-Pflanze-Stein, die ihnen eine derartige Selbstüberhebung nicht erlaubte. So mußte auch immer ein Teil der ersten Feldfrucht der Erde zurückgegeben werden, damit sie aufs neue hervorbringen und schenken konnte; ein weiterer Teil der Erträge von Ackerbau, Viehzucht und Jagd wurde beim gemeinsamen kultischen Speiseopfer den Stammes- und Naturgöttern dargebracht.* Diese Opferhandlungen garantierten und bestätigten das Gesetz an der Basis der menschlichen Gesellschaftsbildung – das Gesetz der Gegenseitigkeit von Geben und Nehmen. Die Opferhandlung war die feierliche Bestätigung der fortbestehenden Einheit und der wechselseitigen Bedingtheit aller Lebensformen; sie bildete das

* Etwas davon lebt noch heute im bäuerlichen Bewußtsein weiter – im stehengelassenen Ackerschwad oder in Milch und Speck, die am S. Thomastag für die Erntegeister vor die Tür gestellt werden.

symbolische Band zwischen Mensch und Natur und zwischen den Menschen einer Gruppe. Aus diesem frühgeschichtlichen Opferzusammenhang entstand das unabweisbare Gefühl der Verpflichtung gegenüber der Natur, bzw. den Naturgottheiten, denn nach dieser Vorstellung werden die unendlichen Wechselbeziehungen des Lebens durch die gewaltsame und einseitige Entnahme des Menschen verletzt, was nach Wiedergutmachung und Sühne ruft, bzw. gemäß unserem heutigen Verständnis, nach einer Verlusthandlung. Die Lebensgrundlage der frühgeschichtlichen Gesellschaft ist ein Gemeinwesen, das auf dem wiederholten Zyklus von Geben, Nehmen und Wiedergeben beruht. Nicht die unentwegte Anhäufung und Steigerung der materiellen Werte war für die immer bedrohten Naturvölker maßgebend, sondern die Garantie der gesellschaftlichen und natürlichen Bande, um derentwillen ein materieller »Verlust« freiwillig in Kauf genommen, ja festlich zelebriert wurde. Die Übervorteilung des anderen durch den ritualisierten Gabentausch war innerhalb dieser Sinnproduktion kein wesentlicher Faktor. Etwa wurden die Überschüsse im gemeinsamen Opfermahl auch deswegen vertilgt, damit die ideale Gegenseitigkeit nicht durch ungleichen Besitz gefährdet werden konnte.

In der dreifachen Funktion: »zu geben, zu nehmen, wiederzugeben« erfassen wir, gemäß Marcel Mauss, gewissermaßen das »soziale Totalphänomen«[38], denn in den sozialpsychologischen Vorstellungen, die sich im Opferzusammenhang herausbildeten – Vorstellungen von Gleichgewicht, Wechselwirkung, Gerechtigkeit, Strafe, Sühne, Rache, Komplement, Verhältnismäßigkeit usw. –, bekommen wir den elementaren Mechanismus der menschlichen Vergesellschaftung zu fassen, der noch mächtig in die viel spätere Zeit der Hochkulturen hinüberwirkte. Wir erkennen das an den Worten des Vorsokratikers Anaximander (– 600): »Der Ursprung der Dinge ist das Grenzenlose. Woraus sie entstehen, darein vergehen sie auch mit Notwendigkeit. Denn sie leisten einander Buße und Vergeltung für ihr Unrecht nach der Ordnung der Zeit.«[39] Die Vorstellung einer Diskontinuität zwischen dem einzelnen und dem Ganzen kennzeichnet unseren westlichen Identitätsbegriff: das Ich hat sich selbstherrlich ausgegrenzt, erst von dem natürlichen, dann von dem menschlichen Gesamtzusammenhang. In der Wiederherstellung einer Kontinuität mit dem Nicht-Ich – dem *tat tvam asi* (»Das bist du«) des Sanskrit – liegt die »Sühne«, von der Anaximander spricht. Bei ihm wird die Existenz der Einzelwesen, die sich vom Urgrund des Seins »emanzipiert« haben, als ein Unrecht gegenüber dem größeren Sein empfunden, das »nach der Ordnung der Zeit« gesühnt werden muß. Der Weltprozeß vollzieht sich in einem Kreislauf des Entstehens und Vergehens zwischen den vergänglichen Einzelwesen und dem unvergänglichen Urgrund als Diskontinuität und Kontinuität. Die Identität, als Erkenntnis der Ichhaftigkeit, ist ja auch, nach einigen theologischen Deutungen, die eigentliche »Erbsünde«, die Frucht vom Baum der Erkenntnis, deren Genuß den Menschen aus dem Paradies vertrieb. Der Gedanke einer »Herrschaft« der Einzelwesen über ihren Existenzgrund, die Natur, konnte nicht aufkommen, solange das Bewußtsein einer Kontinuität zwischen beiden bestand. Erst mit der vermeintlichen Loslösung des Menschen von allen Naturzwängen entstand der Wahn, das Ich könne entrinnen, so daß der Mensch heute glaubt, straflos in der von ihm selbst erzeugten »zweiten Natur« seiner betonierten und asphaltierten Industrielandschaft leben zu können.

Doch die »Naturbeherrschung« schließt immer auch die Herrschaft über den Menschen ein, der in seiner animalischen Existenz selber zur Natur gehört. Von allen Lebewesen ist es ja nur der Mensch, der seine eigene Instinktnatur zeitweilig beherrschen kann. Die elementaren Triebe, die er in sich selber unterdrückt, mögen ihm frühgeschichtlich in den Tieren personifiziert erschienen sein, besonders in den beim Opfermahl geschlachteten Tieren, die als Repräsentanten der Triebnatur des Menschen womöglich das ursprüngliche Menschenopfer ablösten. Diese Tieropfer erscheinen uns heute als irrational und allzu blutig-barbarisch, uns, die wir im Interesse einer einseitigen Profitmaximierung ganze Pflanzen- und Tiergattungen ausgerottet haben und immer noch ausrotten. Offensichtlich aber entspricht dem Schulden-System, auf dem unsere industrialisierte Wirtschaft und Landwirtschaft in finanzieller Hinsicht beruhen, ein inner-psychisches Schuld-System, das seinen eigenen Zins und Zinseszins an Aggression, Gewalt, Verheerung eintreibt: eine immer neu verschlüsselte zwanghafte Wiederholung der unterbliebenen Verlusthandlung. In diesem Kontext wären die Stammesfeiern unserer überreichen Massengesellschaft dann die globalen Kriege. Ein verinnerlichtes Strafbedürfnis, die Empfindung einer unbeglichenen Sühneschuld für die fortgesetzten Gewalthandlungen gegen alle Lebensgrundlagen, begleitet und verstört den aufgeklärten Menschen der Neuzeit jedenfalls zutiefst. Dieses von der Kultur bewirkte Schuldbewußtsein spricht auch Freud an, wenn er feststellt, daß es zwar nicht als solches erkannt werde und zum großen Teil unbewußt, als eine Unzufriedenheit, fortlebe, die sich hinter anderen Motivationen versteckt, es sei jedoch sein größtes Anliegen gewesen: »das Schuldgefühl als das wichtigste Problem der Kulturentwicklung hinzustellen und darzutun, daß der Preis für den Kulturfortschritt in der Glückseinbuße durch die Erhöhung des Schuldgefühls bezahlt wird.«[40]

Als archetypischer Ausdruck einer Schuld-Vertauschung ist nun gerade in der westlichen Kultur – und nur in ihr – die literarische Gattung der Tragödie entstanden: »das Lied des Sündenbocks«, und in der Dichtung von Jeffers gewinnt sie, über das rein Literarische hinaus, die Dimension einer welthistorischen Gattung. Denn für ihn ist das menschliche Bewußtsein mit all den Leiden, Greueln, Ungeheuerlichkeiten, die es aufführt, »ein Nervenende, ... eins der Gefühlsorgane Gottes« bzw. des Weltganzen:

Wie Lear und Prometheus mit Titanensinn den Zuschauern
Extreme von Leid und Leidenschaft entdecken, die ihnen nie
Auf ihrem eignen Lebensweg begegnen werden, und doch,
  durch das Organ der Dichtung
Erfühlen und erfahren sie's, so sind die Taumel
  und die Todesnöte, die Mensch und Tier erleiden,
Sinnesorgane Gottes. Auf andern Weltenkörpern, überall
Im Raum, speisen noch größere Nervenenden
  das Bewußtsein von diesem einen Lebewesen,
Das alles Dasein ausmacht.[41]

Der religiöse und (teilweise) irrationale Impuls, der Jeffers mächtig vorantreibt und gegen den er sich sein Leben lang (und öfters vergeblich) wehrt, erfährt hier eine erstaunliche Selbst-Reflektion, eine Rückwendung auf sich selbst: Dichtung und Religion werden zum Ausdruck einer höheren Pathologie.

Das tragische Lebensgefühl, das dieses Werk trägt, verlangt nach Leiden, nach »Pathos« in seinem ursprünglichen Wortsinn, nicht nach dessen poetischen Ersatzformen. In ihrer höheren Gestalt, meint Georges Bataille, rufen Literatur und Theater »durch symbolische Darstellungen tragischen Ruins (Erniedrigung oder Tod) Angst und Schrecken hervor; in ihrer niedrigeren Form erregen sie durch analoge Darstellungen... Gelächter. Der Begriff Poesie, der die am wenigsten verdorbenen, am wenigsten intellektualisierten Ausdrucksformen eines Verlorenseins bezeichnet, kann als Synonym von Verschwendung angesehen werden; Poesie heißt nämlich nichts anderes als Schöpfung durch Verlust. Ihr Sinn ist also nicht weit entfernt von dem des Opfers«. Dieses, das »eigentliche Element der Poesie« (Bataille)[42], bewirkt dann eine Entsicherung und Entgrenzung der Spanne der für das untragische bürgerliche Bewußtsein noch zulässigen Gefühle. Dazu kommt die Vertiefung unserer gemeinhin prosaisch-flachen Sprache um die dichterische Dimension, die an gefährliche Triebstrukturen rührt. Damit erfährt das verstädterte und innenwelt-bürgerliche Gesichtsfeld eine Ausdehnung sowohl auf größere Räume, Meere, Kontinente, Sterne wie auf Themen, die nach der Weltuhrzeit eine gewisse Dauer besitzen.

Das tragische Geschehen benötigt, wie Jeffers erklärt, die direkte und schmerzhafte Konfrontation mit der Gewalt, die »Kauterisierung« der unwesentlichen zivilisatorischen Anwüchse, um zur primären Wirklichkeit zurückzugelangen. Die Prosa »wohnt im sicheren Zimmer, wo das Lampenlicht die Wiederkehr von Tag und Nacht abgeschafft hat, und wo wir den Wechsel der Jahreszeiten vergessen können. Die menschliche Zersplitterung, der Flattersinn, das Oberflächliche an uns, kann nur in einem Schutzraum existieren. Dichtung lebt nicht in dieser Welt, sondern in einer größeren. Sie kann nicht sprechen, ohne sich an die Phasen von Sonne und Mond zu erinnern, an den Rhythmus des Ozeans und die Wiederkehr der menschlichen Geschlechter, die steigenden und fallenden Wellen von Leben und Tod. Unsere Alltagssprache ist die der Prosa, wir reden nicht sehr oft über wirkliche Dinge... Dies [die Frage der Realität] ist es, was die höheren Formen der Dichtung kennzeichnet, die mit den Mitteln der Realität von realen Dingen handeln.«[43]

Die reine räumliche Anwesenheit der Dinge reicht ihm als Kriterium für den Wirklichkeitswert nicht aus, auch eine Zeitausdehnung von Vergangenheit-Gegenwart-Zukunft wird hier dazu benötigt, eine Permanenz, die in Jeffers' Werken wiederholt durch seine Affinität zum Stein reflektiert wird. Der Zeitraum, in dem die Dinge stattfinden, wäre somit ein Grundbestandteil ihrer Realität, schnell-lebigen Zeiterscheinungen kommt vergleichsweise weniger Wirklichkeitsdichte zu: »Die Dauer ist ein wichtiger Aspekt der Realität; eine Eisenbahn etwa ist nicht so real wie ein Berg; sie existiert auf ihre wunderliche Weise für ein-zwei Jahrhunderte, aber sie ist nicht wirklich; in einem Großteil der menschlichen Vergangenheit und Zukunft kommt sie nicht vor... Die meisten unserer technischen Erfindungen sind nur Behelfe auf Zeit, oder es bleibt das, was an ihnen möglicherweise wesentlich ist, verborgen; gerade das macht das Leben in der modernen Großstadt poetisch steril: es ist ein Leben ohne Dauer, und es wird unter Irrealitäten gelebt.«[44]

Die Kritik des Dichters richtet sich, wie wir erkennen, nicht gegen die Naturwissenschaft als solche, sondern gegen ihre technologisch-industriellen Folgeerscheinungen – jene »zweite Natur«, die den Menschen im Netz ihrer Infrastrukturen zu totaler Abhängigkeit reduziert, egal ob unter sozialistischen oder kapitalistischen Regimes: »Ich glaube nicht, daß die industrielle Zivilisation die Verformung der menschlichen Natur, die Niedertracht und den Kontaktverlust mit der Erde, den sie mitbringt, aufwiegt. Ich glaube, daß auch der marxistische industrialisierte Kommunismus – wenn er je realisiert würde – nur ein weiterer Schritt in die falsche Richtung wäre. Er würde nicht soviel Niedertracht nachziehen, aber die gleiche Verformung, und würde die Menschen durch größere Sicherstellung verderben.«[45]

Ausdrücklich will Jeffers der Dichtung »etwas von jener Kraft und Realität« zurückgewinnen, die sie verloren hat, will: »erzählende Gedichte schreiben und Themen aus dem zeitgenössischen Leben nehmen, Aspekte des Lebens beschreiben, die die moderne Literatur übergeht, und überdies philosophische und wissenschaftliche Gedankengänge in Versen zum Ausdruck bringen. Ich hatte lediglich im Sinn, ältere Freiheiten wieder in Anspruch zu nehmen«,[46] bekennt er.

Für die beabsichtigte »Wiedergewinnung von Substanz und Sinn, *physischer und psychischer Realität«* (Jeffers), spielte natürlich auch der mächtige Eindruck, den die Ankunft der Lehren Freuds in den 20er und 30er Jahren in Amerika hinterließ, eine gewisse Rolle, wiewohl Jeffers einen direkten Einfluß von Freud oder Jung auf seine Verserzählungen nicht anerkennt.[47] Wirklich könnte er, anhand der ihm eigenen Betrachtungsweisen, auch alleine zu einigen der Grundgedanken von Freud vorgestoßen sein. Das Gesetz, nach dem er angetreten, seine vielleicht tiefste Intuition, war die Einsicht, daß der technologischen Naturbeherrschung Grenzen gesetzt sind, die nicht nur außen, von der natürlichen Umwelt, sondern *auch* im Inneren der menschlichen Natur selbst gezogen sind und, daß die Möglichkeiten der Freiheit heute viel eher bei diesen Grenzen ansetzen als bei einer Technologie, die sich als phantastisches Instrument der Unterjochung erwiesen hat. Diese innere Grenze im Menschen selbst – eine Grenze, die wie alle Grenzen zugleich einen Grenzübergang darstellt – bildet die Quintessenz des Jefferschen »Inhumanismus«: es ist die Wasserscheide zwischen Menschlichem und Nicht-Menschlichem, Kultur und Natur, historischem Wandel und biologischer Invarianz. So bleibt er sich, angesichts der Selbstüberhebung der Zivilisation eingedenk, daß, anders als die vom Tier in Jahrtausenden erworbenen Instinkte, die vom Menschen erworbenen Fertigkeiten der technischen Naturbeherrschung weder irgendwelche erblichen Veränderungen zur Folge haben noch durch erbliche Veränderungen gesteuert werden, daß sie einzig durch künstliche Behelfe der Kultursphäre von Generation zu Generation weitergereicht werden. Wegen ihrer vergleichsweisen Irrealität könnte die menschliche Evolution, oder der »Fortschritt«, jederzeit durch irgendeine äußere Katastrophe von der Tafel der Geschichte gelöscht werden. Hingegen würden die Tiefenstrukturen der menschlichen Seele auch nach einer solchen Katastrophe weiter bestehen – sofern einige Menschen überleben. Freuds Konzeption des »Es« als dasjenige Teil des Unbewußten (*nicht* des lebensgeschichtlichen Vorbewußten oder Unterbewußten), in dem die Triebstrukturen des Organismus angesiedelt sind – wodurch das »Es« für das bewußte Ich völlig unauflösbar bleibt –, entspricht dieser inneren Nahtstelle von Kultur und Natur im Menschen selbst. Das bedeutet, mit anderen Worten, daß das biologische Sein des einzelnen »auf das Wissen unreduzierbar« (Freud) bleibt, unberührt von der wissenschaftlich-technologisch-industriellen »Selbsterzeugung« des Menschen. Aus diesem Wachstumspunkt, dem biologischen Sein, entsteht in der menschlichen Vorstellung ein monströses Apriori: der Bereich des Mythischen.

Weil das Unbewußte vegetativ und unbeirrt von den bewußten Vorgängen nach anderen Denkordnungen fungiert, stellt es für das bewußte Ich eine objektive Realität dar, die sich »nach Innen ohne scharfe Grenzen in ein unbewußtes seelisches Wesen fortsetzt, das wir als Es bezeichnen« (Freud).[48] Nun weisen aber, wieder nach Freud, genau diese Funktionen der Psyche über das Individuum hinaus und besorgen »seine Anknüpfung an die Gattung« oder, wie man im Sinne von Jeffers' »Inhumanismus« wohl sagen müßte, seine Anknüpfung an die natürliche Kette des Lebens von Tier, Pflanze, Mineralien, kurz: an die belebte und unbelebte Natur. Es ist, wenn man den Gedanken des Rationalitäts- und Realitätsschwunds an der Evolutionskette zurückverfolgt, das Vorhandensein dieses Urgrunds bzw. dieser »Heimat«, was die wirkliche Identität von der Illusion einer Identität unterscheidet. Denn durch sie wird der Mensch auf frühere Phasen seiner Entwicklung zurückverwiesen, auf seine naturgeschichtliche Identität mit dem Tier, das in seiner natürlichen Umwelt, den stationären Pflanzen und Steinen, frei beweglich ist, aber, wann immer Gefahr droht, seine Sicherheit in einer Mimikry des pflanzlichen Verhaltens findet – etwa dem Starrwerden oder der Zusammenrottung zum Verband –, so wie die Pflanze, je weiter man naturgeschichtlich zurückgeht, sich mehr und mehr ihrem anorganischen Substrat von Boden und Gestein anpaßt. Ganz analog dazu hat Freud die Lust des Eros und das

Verlangen des Thanatos (= Todestrieb) beschrieben: das Wesen des Triebs überhaupt, sagt er, ist »der dem Organismus innewohnende Drang zur Wiederherstellung eines früheren Zustands«.[49] Wenn alles Leben sterbend ins Anorganische zurückkehren müsse, führt er im weiteren aus, dann ist der Selbsterhaltungstrieb des einzelnen nur ein untergeordneter Partialtrieb, der sich weigert, »sein Lebensziel auf kurzem Weg (durch Kurzschluß sozusagen) zu erreichen.«[50] Diesen Kurzschluß, z. B. mittels des Selbstmordes, lehnt übrigens auch Jeffers – trotz der Unterstellung seiner Kritiker – entschieden ab. Er besteht darauf, daß die Dialektik zwischen Lebens- und Todeswunsch, die »Vitaldifferenzen« (Freud), abgelebt werden muß. Aber der heimliche Wunsch des Einzelwesens nach einer Rückkehr in seinen Ursprung bleibt ihm immer gegenwärtig. In *Such Counsels You Gave to Me* heißt es von den handelnden Personen, Mutter und Sohn, nach ihrer Bluttat:

Sie waren im Grund entkräftet; die Strudel ihres Inneren,
 versickert,
Ließen im Trockenen zurück den Todeswunsch, der,
 ein ertrunkener Turm, am Seelengrund des Menschen steht,
Blind und verdeckt unter dem Wasserspiegel seiner Lebensflut.
 Jetzt trat er aus dem Wasser, schwarz und ragend,
Ein vergeßner Turm in einem abgelaufenen See: die befremdeten
 Entdecker
Waten hinaus durch Schlick und Pfützen, sie treten ein durchs
 Tor unter dem Türsturz, spackig von Wasserlinsen-Rändern,
Sie steigen die moor-schlickrigen Treppen hinauf...

(Man sieht, wie die beiden Motive: Turm und Stein in Jeffers' Dichtung wie in seinem Leben eine Verbindung eingegangen sind.)

Die Fähigkeit der Steuerung zwischen persönlichem Bewußten und unpersönlichem Unbewußten, die im Verlauf der Naturgeschichte wie der Menschengeschichte entstanden ist, bildet so eine ahistorische Konstante, die zwar zu verschiedenen historischen Existenzordnungen gedrängt hat, aber immer unter der Bedingung, daß sie dieser inneren Grenze der menschlichen Natur Rechnung trugen. Der Fortschritt oder die zivilisatorischen Errungenschaften wären demnach immer zurückgekoppelt* an die geschichtslosen biologischen oder strukturalen Grundlagen der inneren und äußeren Natur. Hier sind dann die Relationen gemäß dem relativen Realitätsbegriff von Jeffers verschoben: die Geschichte der »Selbsterzeugung« des Menschen ist nicht, wie allgemein angenommen, nur die Geschichte des bewußten, zweckrationalen, mit-sich-selbst-identischen Subjekts, sondern auch die Geschichte der unbewußten kollektiven Tiefenschichten in ihm, deren Aufgabe es ist, *»die Illusionen des Bewußtseins durch ihre stärkere Wahrheit zu korrigieren«* (Lévi-Strauss).[51] Die Dichtung, die Jeffers zu Papier bringt, ist realer als die Prosa, insofern sie »direkt aus dem Sinn, den Sinnen und den Blutadern eines Menschen tritt« (Jeffers).[52]

Die Psychologie der Charaktere von Jeffers ist durchgängig auf diese korrigierende Kompensation des Unbewußten hin angelegt, so will er in Bezug auf die Religionsstifter und Sektengründer »das Heranreifen eines ganzen Systems emotionaler Wahnvorstellungen aus einer einzigen emotionalen Verformung zeigen, die dem Bewußtsein völlig verborgen war, bis sie der Wahnsinn an die Oberfläche trieb.«[53] In diesem Sinne einer höheren Pathologie behandelt er in seinem halbdramatischen Gedicht *Dear Judas* (1930), das nach der Bühnenaufführung (1947) in Maine und Boston von der Zensur verboten wurde, auch Jesus, den Begründer der christlichen Religion. Aus Machtwillen wählt Jesus den grausamen Kreuzestod, der, wie Judas weiß, zwanzig Jahrhunderte von Krieg und Friedlosigkeit nach sich ziehen wird. Eine jahrelange Kontroverse über Jeffers' »Gottlosigkeit« und »Nihilismus« war die Folge.

Ein weiterer psychologischer Topos von Jeffers' Werken ist die Frau, die, abgestoßen von der deformierten Psyche der Männer, ihre libidinalen »Objektbesetzungen« nicht mehr innerhalb der Menschheit, sondern bei Tieren und Pflanzen sucht. In *Roan Stallion* (1925) etwa verliebt sich die Halbindianerin California

* re-ligio = »Rückbindung«, nicht an einen übergeordneten transzendierenden Gott, sondern an die gemeinsamen Lebensgrundlagen der Natur, ist der eigentliche Sinn des Wortes »Religion«.

in einen roten Hengst, weil, wie Jeffers erklärt: »niemand sonst da war, den sie lieben konnte; und dann, weil die körperliche Liebe nicht vollziehbar war und weil der Hengst ihr unvergleichlich erhabener schien als irgendein Mann, den sie je gekannt hatte, identifizierte sie ihn halb unbewußt mit Gott... Mit Freuden opfert sie ihm ihren Mann, so wertlos der auch ist.«[54] In der Verserzählung *The Loving Shepherdess* (1930) berichtet er von einem Mädchen, das, von den Männern mißbraucht und enttäuscht, ihre Liebe, eine Liebe ohne Besitzanspruch und ohne die von den Männern verlangte Rationierung, der Schafherde zuwendet, in der sie jedes einzelne Tier bei Namen kennt: »ein halb wahnsinniges Mädchen, das in Schottland umherzieht mit einer sich ständig dezimierenden Herde von Schafen, von denen eins nach dem anderen umkommt... Es ist die Geschichte von einem Menschen, der eine Selbstopferung begeht, ... einer Heiligen, meine ich, die einem natürlichen Märtyrertod entgegengeht...«;[55] dies also eine Opferhandlung, die, anders als die Sühne der Religionsgründer, nicht »die Welt austilgt«, sondern das eigene Ich einer einfacheren und integralen Realität opfert. Ein besonderer Zug in Leben und Werk des Dichters ist denn auch seine Identifikation mit den vitalen und intakten Frauen. Seine drei großen klassischen Bühnenwerke wurden ausnahmslos für Schauspielerinnen geschrieben, die infolge ihrer starken Persönlichkeit in der Hollywood-Ära der Traumfrauen und Nylon-Göttinnen keine angemessenen Rollen erhalten konnten. In diesen Dramen spricht die authentische Stimme des Dichters stets aus dem Munde der Frau: Aus Kassandra, der visionären Warnerin vor dem Untergang; aus Medea, der Barbarin, an deren primitiver Unbedingtheit die käufliche und überhebliche Männerwelt der griechischen Zivilisation zunichte wird, wie sie in ihrem Schlußwort sagt:

Doch ich – ein Weib – verachtet, eine Fremde und allein
Gegen dich und die Großmacht Korinth,
Maß mich mit dir, Kehle an Kehle, Böses gegen Böses,
Rache für Rache.
...
Jetzt geh ich fort

Unter den kalten Himmelsaugen, den Sternen,
die die Schwäche hassen.
Nicht mich verachten sie.[56]

Des Dichters Stimme spricht auch aus Phädra, deren verleugnete Weiblichkeit am Ende die narzißtischen, ich-bezogenen und stets auf ihre »Ehre« pochenden Spezialisten des Tötens: den Krieger Theseus und den Jäger Hippolytos zugrunde richtet.

In seinen langen Verszeilen, die sich an den Rhythmen des Meeres und den, aus seiner Kindheit erinnerten, griechischen Langzeilen orientieren, hat Jeffers sich ein Instrument geschaffen, das ebenso zur philosophischen Reflexion wie zum eruptiven Pathos taugt – das alles ohne die sterile Intellektualität mancher moderner Dichter, für die jede Art von direkter allgemeiner Aussage geradezu Anathema ist. Seine bildmächtige Sprache greift auf einen Bestand zurück, in dem beides – zeitgenössisches (= prosaisches) und permanentes (= poetisches) Leben – erfaßt wird: »Poetischer Gehalt (Gefühle, Gedanken und Ausdruck) ist auch in der Prosa zu finden«, schreibt Jeffers, »und kann von Prosa unterschieden werden, nur insofern ihm einige Elemente stärker und andere schwächer zueigen sind. Das Denken bewegt sich [in der Poesie] auf primitiveren Bahnen und ist weniger spezialisiert. Die Sprache ist bildhaltiger, gibt eher konkrete Vorstellungen als abstrahierte Ideen wieder und ist mehr auf die eigene Musikalität bedacht. Die Dichtung spricht eher die Emotionen als den Intellekt an, insbesondere die ästhetischen Emotionen. Inständiger als die Prosa spricht sie zur Vorstellungskraft und zu den Sinnen. Sie befaßt sich mit den beständigeren Aspekten des Menschen und der Natur. Sie ist im allgemeinen dem Alltag weiter entrückt, um einem natürlichen, nicht-spezialisierten und leidenschaftlichen Leben näherzukommen. Dichtung ist eher ein Feiern, Prosa eher eine Feststellung der Dinge.«[57]

Was überall in der Zusammenstellung der verstreuten Äußerungen des Dichters zu seinem Werk auffällt, ist die durchgängige rückverwandelnde und rückkoppelnde Ausrichtung, der Versuch, auf mehreren Ebenen zugleich eine »Resurrektion der Natur« in die Wege zu leiten. Seine poetische Zielsetzung entspricht dabei, wie mir scheint, in einigen wesentlichen Punkten der Funktion der frühgeschichtlichen Kommunion durch das Opfer, aus der ja auch die Tragödie entstanden ist. Auch seine Techniken dienen einer Steigerung des Bewußtseins für die Konvergenzen der begrenzten Lebensspanne des einzelnen mit der zyklischen Wiederkehr der Natur, in der die einzelne Lebenszeit eingeschlossen ist. Rhythmus, Wiederholung, bildhafte Projektion sind hier ein Teil der Bestrebung, zu den Dingen der Außenwelt, d. h. der nicht-menschlichen Natur, zurückzufinden und an ihnen Bestätigung für den Totalzusammenhang des Lebens zu erfahren, eine Entsühnung zugleich für die dünne, abstrakte, nur noch von Menschen für Menschen simulierte Realität durch authentische Wirklichkeitswerte. Sehr stark äußert sich das bei Jeffers in dem Drang nach einer »authentischen« Sprache, in der die Dinge für sich selber stehen, wie Walt Whitman es in seinen »Daybooks« beschrieb: »Der vollkommene Autor würde die Wörter selber zum Singen, Tanzen, Küssen bringen; sie würden den männlichen und weiblichen Zeugungsakt vollziehen, Kinder kriegen, weinen, bluten, wüten, morden... einfach all das tun, wozu Mann und Frau und die Kräfte der Natur fähig sind.«

Nun mag man sich fragen, inwiefern die erfundenen dramatisch-epischen Aktionen des Dichters als »authentisch« gelten können, inwiefern das fiktive poetische Opfer die ursprüngliche Verlusthandlung einlösen kann. Roland Barthes hat diese Frage einmal so formuliert: »Contre quoi échanger un récit? Que vaut le récit?« (»Wogegen wird die Erzählung getauscht? Was ist die Erzählung ›wert‹?«)[58] Eine Antwort darauf bietet vielleicht der uralte erzählerische Topos an, wonach das, was der Geschichtenerzähler für seinen Vortrag erhält, das eigene Leben ist. Für Jeffers jedenfalls träfe das zu, denn seine erdachten Menschenopfer bedeuten ihm wie er betont:

... mein Blut und meine Qual,
Denn es waren Geschöpfe von mir.[59]

Das Lebensopfer dieses Dichters geht in einige Tiefe – es besteht nicht nur aus den Selbstversagungen, die auf der Hand liegen, etwa des Mitleids – eines Mitleids sowohl mit den erdachten

Personen seiner Verserzählungen wie mit den echten Menschenopfern unseres Zeitgeschehens, eine Versagung, die ihm offensichtlich ebenso zu schaffen machte, wie der Entschluß, sich aus den politischen Zeitereignissen herauszuhalten oder die Zurückweisung seiner tiefreligiösen Veranlagung. Diese Verweigerungen gehörten, ebenso wie sein Verzicht auf populäre Resonanz, zu dem Entschluß des Aussteigens aus der Gesellschaft seiner Zeit. Man könnte das alles auch als einen intensiveren Ausdruck der heute bereits »normalen« Entfremdung des schaffenden Künstlers von der Massengesellschaft sehen. Aber hier kommt es auf die Kosten an, und Jeffers »nahm es vom Lebendigen«:

Den Dichter ernährt diese Weltzeit erst,
Wenn er sie zerfetzt hat – und sich selber dazu.[60]

So liest es sich in einem der nachgelassenen Gedichtfragmente. Im Umgang mit seinem Genius amputierte Robinson Jeffers einen Teil seines Ich: er hungerte »die geierhafte Gier« aus, die ihn angetrieben, den Ehrgeiz auch, der ihn zu akademischen und schulischen Leistungen angespornt hatte. Gefühlsmäßig entleerte er sich aller »unwesentlichen« Bindungen an die Mitmenschen und kultivierte seine »Kälte«. Erst dank dieser Selbstaufgabe, der Leere, die die selbstauferlegte mitmenschliche Askese in ihm schuf, konnte sich die nun freigesetzte poetische Begabung seiner Anfänge voll verwirklichen. Es war sein »Dämon«, von dem er im Gedicht (vgl. S. 86) spricht, der ihn über das eigene Ich hinausverwies auf ein nicht gänzlich persönliches Reservoir seiner schöpferischen Kräfte, das sich aus der Natur speiste, der kollektiven Erinnerung der Gattung, den gemeinsamen Beständen der Sprache, der Wahrnehmung und der unbewußten Triebstrukturen. Wenn er für sein zentrales Gedicht auf »irgendeine Springflut, eine Glücksfügung oder einen Kraftzustrom« warten mußte, so kommt darin u. a. zum Ausdruck, wie er seinen persönlichen Anteil an seinem Schaffen bewertete. Zum besseren Verständnis der alljährlichen »erdachten Menschenopfer« sollten wir uns die antike Vorstellung in den Sinn rufen, wonach jeder Mensch von Geburt an einen persönlichen Schutzgeist, den *idios daemon*, besitzt, der nicht als identisch mit dem, was der Mensch »ist«, gedacht werden sollte, sondern mit dem, was er nicht ist, als Träger der im Menschen angelegten, nicht realisierten Möglichkeiten. Apuleius berichtet von dem römischen Brauch, dem eigenen *daemon* am Geburtstag Opfer zu bringen. Durch diese Gaben wurde der Dämon zum *lar*, zum Schutzgeist der Familie und des Hauses. Dagegen verwandelt ein Mensch, der seinem Dämon kein Gegengeschenk darbringt, der seine »Gaben« mithin sich selber zuschreibt, den Dämon zur *larva* – zur Maske oder zum Spuk – oder zum *lemur* (Gespenst), der die Lebenden und ihn selber plagt. In dem Geniekult des bürgerlichen Bildungsbetriebs, dem Starkult der Medien, begegnen uns überall derartige »Masken« und »Spuks« – es sind die Larven und Lemuren derjenigen, die die eigenen schöpferischen Anlagen als ihr persönliches Eigentum betrachten und die in ihrer Verwirklichung nur das eigene Ich zelebrieren. In diesem Umgang mit sich selber kapitalisiert der Schaffende das Geschenk der Natur, die eigene »Be-Gabung«. So entsteht Dichtung als »Zweite Wahl« (vgl. S. 38), Literatur als Lebensschwäche und reduzierte Realität. Die »höheren Formen« der Dichtung dagegen beziehen ihre Realität, ihre seherische Kraft, ihre kosmische Dimension zuweilen, aus der »Ekstase« im buchstäblichen Sinn des »Aus-sich-selbst-herausgetreten-Seins«.

Bataille hat für die Opferhandlung, in der die Überschüsse der Natur festlich vertilgt wurden, den Begriff der Verausgabung (französisch: »dépense«) eingeführt. Er hat festgestellt, daß die *raison d'être* der Bürger der Industriegesellschaft geradezu der Horror vor der Verausgabung sei. Tatsächlich entzieht sich dieser Begriff einer rechnenden und messenden Vernunft, für die alles, was sich nicht quantifizieren läßt, aus dem Bereich der relevanten Wirklichkeit herausfällt. In Jeffers' Augen aber ist auch das Vorkommen des organischen Lebens im Weltall letztlich ein Ausdruck dessen, was Bataille als »Verausgabung« bezeichnet, das Leben ist:

> … ein notwendiger Überschwang
> Im eiskalten Getriebe der Materie,
> Ein Sühnopfer des Weltalls.[61]

»Exuberance is Beauty« hatte der englische Dichter und Maler William Blake geschrieben – ganz im Sinne von Robinson Jeffers, für den es das Überschießende ist, also das, was die heute so allmächtige Kosten-Nutzen-Rechnung übersteigt, woraus sich die Schönheit konstituiert, die Schönheit der Natur wie die Schönheit der menschlichen Seelenkraft. Die Schönheit, die wir erfahren, sagt er uns in dem Gedicht »Gottes Exzesse«, ist reines Geschenk, jenseits aller Notwendigkeit, und gerade kraft ihrer »Nutzlosigkeit« setzt sie ein Zeichen für die Fülle und Freigebigkeit des Weltganzen:

Das Übermaß der Güte, das zum Menschen spricht
Und das auch ihm zukäme,
Wenn Macht und Wünschen zu vermählen wären.[62]

In der frühgeschichtlichen Verausgabung durch die Opferfeste wurde vor allem die Partizipation aller Menschen an diesem Überschuß bekundet. In ihr, als der »Lust am Verlust«, reflektiert sich eine verschwenderische Kraft, »deren einzige Bestimmung es zu sein scheint, sich hemmungslos zu vergeuden« (Bergfleth).[63] Das, was für die Natur gilt, gilt auch für die »Selbstverschwendung des Menschen«, wie es Bataille genannt hat. »Die Skala dieser Selbstverschwendung ist auch heute noch, trotz der Herrschaft des Produktionswahns, ungeheuer reich. Sie umfaßt, um nur die wichtigsten Formen zu nennen: Die Kategorie der *agonalen* Verausgabung: Wettkämpfe, Spiele aller Art; die *affektiven* Formen: Lachen und Weinen und dgl.; die *symbolischen* Formen: Literatur, Kunst, Musik; die eigentlich *exzessiven* Formen: die diversen Formen des Rausches, des Tanzes, der Erotik und Orgien aller Art; und zuletzt und zuhöchst das, was ich die heutigen Formen des *Heiligen* nennen möchte: die Revolte, das revolutionäre Opfer, das Todesfest als Fest des Lebens, das hier erfahrbar wird. In all diesen Formen verschwende ich, was ich *bin*, nicht, was ich *habe* – es sind Verschwendungsarten, die ökonomisch nicht mehr faßbar sind und daher der Totalisierung des Produktionswahns entgehen.«[64] Eine Zusammengehörigkeit von Kreativität und bedingungsloser Verausgabung sieht Bataille vor allem in manchen Formen der Dichtung, deren Produkt dann aufs engste mit der Selbstaufgabe des Dichters verbunden ist. Er nennt sie »das Opfer«, denn auch das Wort »Sacrificium« ist, etymologisch, »nichts anderes als die Erzeugung heiliger Dinge. Damit ist klar, daß heilige Dinge durch eine Verlusthandlung entstehen.«[65] Welcher Art diese Verlusthandlung ist, wird in Jeffers' Verserzählung »The Inhumanist« ersichtlich. Dort tötet der alte Mann (der »Inhumanist«) sein *alter ego*, den »man of terrors«, mit seiner kretischen Doppelaxt und spricht zu dem Hund, der ihn adoptiert hat:

»... Kein Mensch hat sich je
selbst erkannt oder sich übertroffen,
Sofern er nicht die andere Hälfte von sich umgebracht.«
Er beugte sich übers Dollbord und drehte
den Toten mit dem Gesicht nach oben –
Es war sein eigenes Gesicht, so wie es in der Jugend war.

Immer noch, im Alter von 62 Jahren, sah sich Robinson Jeffers genötigt, seine Jugend auszulöschen! Man sieht, was es mit den »erdachten Toden« dieser Verserzählungen auf sich hat. Anders als in den Ersatzformen der Poesie hört für die wenigen Dichter, die diesen ursprünglichen Opferzusammenhang in den Griff bekommen, die poetische Verlusthandlung auf, bloße schreibende Simulation zu sein: »Die Aufgabe der Darstellung bedeutet für den, der sie übernimmt, sozusagen den Einsatz seines Lebens ... Oft verfügt man über Worte nur zu seinem eigenen Verderben, und man ist gezwungen, zwischen einem Los zu wählen, das einen zum Ausgestoßenen macht, der von der Gesellschaft abgesondert ist, wie die Exkremente vom sichtbaren Leben, und einem Verzicht um den Preis einer mittelmäßigen Tätigkeit, die vulgären und oberflächlichen Bedürfnissen gehorcht.«[66]

Ein radikaler Bruch liegt hier in dem Unterschied zwischen dem bloß zeichenhaften und dem authentischen Sprechen des Dichters, das auch auf subverbaler Ebene vor sich geht und in dem die Gedanken durch die Lebenspraxis gedeckt sind. Nur die authentische Sprechweise hat auf die Dauer das Gewicht der Überzeugung. Dichtung, die in diesem Sinne authentisch die kultische Dimension der Poesie einsetzt, ist aber »radikal« im Wortsinn, sie zerrüttet die abstrakten Werte der Sekundärwelt, indem sie die Dinge als Selbstwert gegenüber den Wortzeichen wieder erstarken läßt. Sie ist radikal auch darin, daß sie dem Individualismus der Gesellschaftsatome, dem Kult des isolierten Ich, entgegenwirkt, so wie es das Kommunions-Opfer tat. Der eigentliche Sinn dieser Feiern ist die Synergie, das Zusammenwirken vieler Kräfte zu einer neuen Qualität, die aus der bloßen numerischen Addition nicht zu erklären ist: eine Umkehrung der allbeherrschenden rechnerischen Quantifizierung. So gehen – im Idealfall – auch die Individualität von Dichter und Leser in einem synergetischen und schöpferischen Akt der direkten Kommunikation, oder »Mit-Teilung«, verloren, einem Akt, in den Elemente der Selbstaufgabe sowohl wie des gegenseitigen Schenkens eingehen, und in dem die rechenhafte Profitorientierung der Zeit glatt widerlebt wird.

Eva Hesse (1984)

Anmerkungen

1 Nach dem Bericht von Robinson Jeffers' Sohn Donnan begann der Hausbau 1919, gleich nach dem Ende von Weltkrieg I. Damals heuerte Jeffers als Arbeiter bei einem Baumeister an, teils um Geld zu sparen, teils um sich als Maurer und Steinmetz auszubilden. Das Haus wurde aus Natursteinen gebaut, die nur mit dem Maurerhammer etwas zugerichtet wurden. Der Bauunternehmer legte eine Schienenbahn mit hölzernen Loren vom Strand zu dem Felsabhang, wo das Haus errichtet werden sollte, und schaffte so die Rohsteine herauf. Das wegen der heftigen Winterstürme sehr niedrig gebaute Haus, nach dem Vorbild der Tudorhäuser in England, war 1919 bezugsfertig. Jeffers nannte es »Tor House« (»tor« ist ein altes englisches Wort, das »Felskuppe« bedeutet). Das Haus hatte fließendes Wasser, aber (bis 1949) keine Elektrizität, kein Gas oder Telefon. Die weiteren Anbauten: Garage, Felsturm, ein Speisesaal, ein Ostflügel nahm Jeffers allein in Angriff. Der Bau des Turms, den er »Hawk Tower« nannte (nach dem Habicht, der sich während der Arbeiten darauf niederzulassen pflegte), nahm vier Jahre (1920–1924) in Anspruch. Für die halbe Höhe des Turms (ca. 6 m) trug oder wälzte er die Felsbrocken, manche 150–200 kg schwer, auf einer Serie von schiefen Ebenen, die er konstruiert hatte, vom Strand herauf, für die restliche Arbeit baute er sich einen starken Flaschenzug. Während der Bauarbeiten wurde zu keiner Zeit ein Gerüst verwendet. Der fertige Turm ist 12 m hoch, seine Wände haben eine Dicke von 1,8 m. Zu den körperlichen Arbeiten des Dichters gehörten auch das Anmischen des Portland-Zements, den er verwendete, mit einer Harke in einem Trog, sowie das Anpflanzen und die Wartung von Hunderten von Bäumen an diesem ansonsten baumlosen Küstenabschnitt.

2 »Tor House« in *Selected Poems*, New York 1939, S. 197.

3 Vorwort zu *Selected Poems*, op. cit., S. xv.

4 R. Jeffers, »Poetry, Gongorism and a Thousand Years«, in *The New York Times Magazine*, 18. Januar 1948

5 Yvor Winters, »Robinson Jeffers«, *Poetry* XXV, 5, (1930), S. 279–287; später abgedruckt in *In Defense of Reason*, New York 1947.

In der Attacke von Y. Winters heißt es: »Das Leben als solches ist Blutschande, ein schleichendes und verheerendes Übel. Damit, sagt Mr. Jeffers implizite, ist auch die griechische und christliche Moralvorstellung erledigt. Nun bietet aber die Mystik eines Mannes wie San Juan de la Cruz wenigstens noch den Anflug einer geistigen, einer menschlichen Disziplin als Vorbereitung der Vereinigung mit Gott; doch Mr. Jeffers hat da immer einen einfachen und mechanischen Ausweg zur Hand, nämlich den Selbstmord – einen Ausweg, dessen er sich selber, wie ich glaube, niemals bedient hat ... [Jeffers] hat mit der Moralvorstellung auch die erzählerische Logik aufgegeben und ist, darüber hinaus, nie zu einem hervorragenden Stil vorgedrungen: seine Texte sind, Zeile für Zeile, prätentiöser Schund. Hier und da gibt es ein paar glückliche Wendungen, aber sie sind sehr rar und keine davon ist erstklassig.« (S. 32, 34 in *In Defense of Reason*, op. cit). Die Berufung auf den spanischen Mystiker Juan de la Cruz zeigt, wie das exegetische Besteck, das der *New Criticism* zur Erläuterung der Gedichte von T. S. Eliot entwickelt hatte, schief auf einen ganz anders gearteten Autor angewendet wird. Zwar hatte sich auch Eliot gegen die humanistische Tradition gewendet, die seit der Renaissance den intellektuellen Vordergrund beherrschte, aber in ganz anderer Absicht als Jeffers: nämlich um die rückhaltlose Unterwerfung unter die überlieferten Dogmen der Kirche zu fordern. Erst Eliot hatte dem Ansehen des spanischen Mystikers im anglo-amerikanischen Literaturbetrieb auf die Sprünge verholfen. Die Lebensfeindlichkeit und Weltverneinung des Juan de la Cruz entsprachen seiner eigenen Einstellung: »Der Haß auf das Leben ist eine wichtige Phase – sogar eine mystische Erfahrung, wenn man will – im Leben selbst« (T. S. Eliot). Deswegen stellte er seinem *Sweeney Agonistes* (1926) auch ein Wort des Juan de la Cruz als Motto voran: »Daher kann die Seele nicht besessen sein von der Einheit mit Gott, eh sie sich der Liebe zu den Geschöpfen entschlagen hat.« Diese Negativität Eliots erschien den New Critics nicht anstößig wie Jeffers' Rückwendung zur Natur. Bei Jeffers handelt es sich ja weder um den Haß auf die Geschöpfe noch um eine Vereinigung mit dem tradierten Gott der christlichen Religion noch um eine vorbereitende mönchisch-mystische Disziplin der Weltabkehr.

6 Der Lebensweg von William Everson (geb. 1912), später bekannt als »Bruder Antoninus«, wurde durch die Dichtung von Robinson Jeffers entscheidend beeinflußt. Everson brach sein Studium ab, kaufte einen Weinberg und erwarb eine eigene Druckerpresse. Weltkrieg II verbrachte er als Wehrdienstverweigerer in einem Arbeitslager in Oregon. 1951 trat er dem Orden der Dominikaner bei. Im Laufe seines Lebens veröffentlichte Everson über zwanzig Gedichtbände. 1968 schrieb er (als Brother Antoninus) ein Buch über Jeffers: *Robinson Jeffers: Fragments of an Older Fury*, Oyez 1968; dort heißt es (auf S. 7): »So wurde ihm unter den lebenden Dichtern keinerlei Anerkennung zuteil, und er machte sich nicht das geringste daraus. Aber ich schon. Für mich ist es eine Enttäuschung, daß mein zweiter Mentor, Kenneth Rexroth, dem ich auf andere Weise tief verpflichtet bin, meinen ersten Mentor verächtlich macht, der das nicht verdient hat. Wenn man Rexroth's Anfänge im Experimentellen bedenkt, wird die Ablehnung von Jeffers vielleicht verständlich. Aber daß Kenneth sich gar nicht dazu durchringen konnte, seine ›West-Coast-Bewegung‹ auf das Vorbild von Jeffers hin zu zentrieren, das verdammt seine Bewegung in meinen Augen zur Bedeutungslosigkeit und zur Hinfälligkeit. Es steht außer Frage: wenn man von der ›entfremdeten Generation‹ unserer Zeit spricht, dann ist Jeffers ihrer aller Opa. Keins unserer kleinen Talente kann diese Lücke, diese gähnende Leere füllen, die durch diesen Ausschluß entstanden ist. Und was die ›Pacific Basin Culture‹ angeht, so ist der Versuch, den kalifornischen Beitrag herauszustellen, ohne Jeffers zu erwähnen, so als ob man ein Zelt ohne den Zeltmast aufzubauen versuchte. Aber es sollte wohl so sein. Es ist das Verhängnis und der Triumph von Robinson Jeffers, daß es ihm bestimmt ist, absolut auf sich allein gestellt zu überleben. Man könnte sagen, er selber habe es so gewollt.«

7 Kenneth Rexroth, »Decline of a Poet«, *Saturday Review of Literature*, 1957

8 R. Jeffers, »Poetry, Gongorism...«, op. cit.

9a s. Jeffers' Gedicht »Shine Republic« (1935), *Selected Poetry*, op. cit., S. 568:

> Und dich, Amerika, dich machte diese Leidenschaft. Du
> wurdest nicht geboren fürs Wohlleben, sondern für die
> Freiheitsliebe,
> Du sagtest nicht »en masse«, du sagtest: »Unabhängigkeit«:
> aber wir können uns nicht jeden Luxus leisten und Freiheit
> obendrein.

Bereits 1925 (!) hatte Jeffers in der prophetischen Rede, die er Kassandra in

The Tower Beyond Tragedy in den Mund legt, den weiteren Weg Amerikas vorhergesehen:

»... Ich aber sage:
Wo wohlhabende Mächte sind, da sind meine Feinde.
Du meine Seele im Vorübergehn
Fluche Athen für seinen Marmor, seinen Frohsinn;
fluche Korinth
Für seinen Wein und Purpur; und Syrakus für Gold und
Schiffsmacht; lade Rom
Viele Untergänge auf wegen des Brotgetreides, der Anmaßung,
seiner dreifach hassenswerten Macht;
Schlag Spanien für das Blut, das an dem abendlichen Gold
klebt; Fluch sei England
Für seine Fleischtöpfe und die entsetzlichen grauen
Schiffsbäuche, für die verbrieften Rechte und das weltweite
Kolonialreich.
Doch es bleibt noch ein Mächtigerer zu verwünschen, ein
Größrer zu verfluchen –
Wenn Amerika Europa aufgefressen hat und von Asien Tribut
eintreibt...
... wenn die entlegnen Enden der Welt in Berührung kommen
Und alle Hunde in dem einen Zwinger sind.«

9b R. Jeffers, »Vorwort« in *The Double Axe*, New York 1948

10 R. Jeffers, »Hellenistics« (1937), in *Selected Poetry*, op. cit., S. 603

11 Bis auf die drei Bearbeitungen griechischer Tragödien, die in den 50er Jahren auf den Spielplänen der größeren Theater standen und in Buchform publiziert wurden: Robinson Jeffers, *Dramen*, deutsch von Eva Hesse, Reinbek 1960. Der Band ist seit langem vergriffen.

Das Ansehen des Dichters ist in Ost- und Südost-Europa (allen voran in der ČSSR und Bulgarien) größer als in der BRD, vor allem fanden die langen erzählenden Gedichte wie »The Women at Point Sur«, »The Loving Shepherdess« (in Jugoslawien auch in einer Filmfassung) und »Hungerfield« große Resonanz. In den USA ist die Erinnerung an ihn nur in Kalifornien bis heute lebendig geblieben, auch wenn sie zuweilen zum Kult entartet. Dort, in Carmel, gibt es alljährlich im April ein Jeffers-Festival mit Filmvorführungen, Gedichtlesungen, Fotoausstellungen u.a.m. Eine Briefmarke mit dem Konterfei des Dichters wurde ausgegeben, und zwei-dreimal im Jahr erscheint, herausgegeben von Dr. Robert J. Brophy, der »Robinson Jeffers Newsletter« (Occidental College, Los Angeles), der über neue kritische Veröffentlichungen über Jeffers, Neuaufführungen der Dramen, Neuausgaben einzelner Werke und neue Doktorarbeiten berichtet und allgemein relevante Nachrichten bringt.

12 Jeffers' Ausführungen erinnern in mancher Hinsicht an die Forderungen, die Antonin Artaud ans Theater stellte (s. Antonin Artaud, *Le Theatre et son Double*, 1938). So fordert Artaud den Verzicht auf vordergründige Aktualität, um: »Mythen des modernen Menschen und des modernen Lebens« zu schaffen; er fordert die Aufhebung der Trennung von Leben und Werk und die Placierung des Menschen in eine kosmische Konfliktsituation. Auch das »Theater der Grausamkeit« soll »die anarchische Vitalität des Bösen in einem schrecklichen Traum« manifestieren, als »ungeheure Beschwörung von Kräften, die den Geist durch das Beispiel zur Quelle seiner Konflikte zurückführen«.

13 R. Jeffers, Brief an James Rorty 1927, zitiert in: Melba B. Bennett, *The Stone Mason of Tor House*, California 1966, S. 118–119
14 R. Jeffers, ibid.
15 R. Jeffers, »The Broken Balance« (1927) in *Selected Poetry*, S. 260
16 R. Jeffers, »Sign Post« (1935), in *Selected Poetry*, S. 574
17 Th. W. Adorno, *Der Positivismusstreit in der deutschen Soziologie*, Darmstadt/Neuwied 1972, S. 138
18 R. Jeffers. »The Cretan Woman« in *Hungerfield and Other Poems*, New York 1954; Dt. in Robinson Jeffers, *Dramen*, op. cit., S. 169
19 *Husserliana*, Hsg. W. Bienel, den Haag 1950, S. 89–99
20 R. Jeffers, *Themes in My Poems*, San Francisco 1956, S. 28–29
21 R. Jeffers, op. cit., S. 24
22 R. Jeffers, op. cit., S. 28
23 R. Jeffers, *Medea*, New York 1946; Dt. in Robinson Jeffers, *Dramen*
24 Friedrich Nietzsche, »Versuch einer Selbstkritik« in *Die Geburt der Tragödie aus dem Geist der Musik*, München 1959, S. 13
25 Michel Foucault, *Wahnsinn und Gesellschaft*, Frankfurt 1969, S. 10.
26 Walt Whitman, »Democratic Vistas« in *The Complete Poetry and Prose of Walt Whitman*, Hsg. Malcolm Cowley, New York 1948, II, S. 255
27 Robinson Jeffers, zitiert in Melba B. Bennett, *The Stone Mason of Tor House*, op. cit. S. 153
28 Georges Bataille, *Das theoretische Werk*, München 1975, S. 15
29 Gerd Bergfleth, »Theorie der Verschwendung«, Georges Bataille, *Das theoretische Werk*, op. cit., S. 370
30 R. D. Laing, *The Politics of Experience*, New York 1967, S. 47
31 Georges Bataille, *Die psychologische Struktur des Faschismus. Die Souveränität*, München 1978, S. 107
32 R. Jeffers, »Going to Horse Flats« in *Selected Poetry*, S. 584
33 Erich Franzen, »Von der Illusionsbühne zum Anti-Theater«, (Vortragsreihe) 1959
34 Jeffers' hochgelehrter Vater war nicht nur einfach ein Geistlicher, sondern ein Theologe, der von einer langen Linie strenggläubiger Kalvinisten abstammte. Robinson Jeffers' Übergang zu den naturwissenschaftlichen Fächern während seiner Studienjahre kann sicher als der Versuch gewertet werden, sich dem Griff des überstrengen Vaters zu entziehen, der »mir das Evangelium einlöffelte als ich ein Grünschnabel war«, so der Dichter in *Give Your Heart to the Hawks* (1933).
35 R. Jeffers, »Ich aber werde alt und saumselig«, s. S. 86
36 R. Jeffers, »Anfang und Ende«, s. S. 73
37 vgl. hierzu und im folgenden: Horst Kurnitzky, *Triebstruktur des Geldes*, Berlin 1974
38 Marcel Mauss, *Die Gabe*, Frankfurt 1968, S. 161 u. 205
39 *Die Vorsokratiker*, Hsg. Wilhelm Nestle, Jena 1929, S. 109
40 S. Freud, *Abriss der Psychoanalyse. Das Unbehagen in der Kultur*, Frankfurt 1971, S. 119
41 R. Jeffers, »Anfang und Ende«, s. S. 72–73
42 Georges Bataille, *Das theoretische Werk*, op. cit., S. 15
43 R. Jeffers, zitiert in *The Stone Mason of Tor House*, op cit., S. 108
44 R. Jeffers, ibid.
45 R. Jeffers, Brief an James Rorty, April 1932, zitiert in *The Stone Mason of Tor House*, S. 149

46 R. Jeffers, Vorwort in *Selected Poetry*, S. XIV
47 Vgl. dazu R. Jeffers: »Ich habe mehrere Werke von und über Freud und Jung gelesen und fand den ersteren ziemlich absurd, änderte aber dann meine Meinung. Das war im Jahr 1914 oder so. Ich bin heute immer noch der Ansicht, daß Freud der Pionier einer neuen Erkenntnisweise war, so begrenzt oder bizarr deren weitere Entfaltung auch gewesen sein mag. Meine Verwendung des Inzests als Symbol ist zweifellos mit jenen Traumdeutungen verbunden.« (Zitiert nach Lawrence C. Powell, *Robinson Jeffers. The Man and His Work*, Pasadena 1940, S. 40). Natürlich konnten die Theorien von Freud, soweit sie sich rein im menschlichen Bereich hielten, nicht das Vorbild für Jeffers' »inhumanistischen« Ansatz sein. Ähnlich verhält es sich mit anderen Einflüssen, die in seinem Werk auszumachen sind – Havelock Ellis, Arthur Schopenhauer, Friedrich Nietzsche, Oswald Spengler, C. G. Jung – er hatte ihre Gedanken absorbiert, aber sie sind nur sehr schwer aus seinem Werk herauszulösen. Das Interessante an diesen Einwirkungen liegt eher in der Art und Weise, wie er sie sich einverleibte und aneignete, so, daß sie in der Eigenart seines Schaffens assimiliert und untergegangen sind.
48 S. Freud, op. cit., S. 66
49 S. Freud, »Jenseits des Lustprinzips«, *Werke*, Bd. XIII, S. 38
50 S. Freud, op. cit., S. 41
51 Claude Lévi-Strauss zitiert nach Günther Schiwy, *Der französische Strukturalismus*, Reinbek 1969, S. 52
52 R. Jeffers, »Poetry, Gongorism, ...« op. cit.
53 R. Jeffers, zitiert nach *The Stone Mason of Tor House*, op. cit., S. 119
54 R. Jeffers, Brief vom 5. November 1944, zitiert nach *The Stone Mason of Tor House*, S. 112
55 R. Jeffers, Brief an Sydney Alberts (1930?), zitiert nach *The Stone Mason of Tor House*, S. 132
56 R. Jeffers, *Medea*, Dt. op. cit., S. 118–119
57 R. Jeffers, Brief an Graham Bickley (1932), zitiert nach *The Stone Mason of Tor House*, S. 151–152
58 Roland Barthes, *S/Z*, Paris 1970, S. 95. Dt. u. d. T. *S/Z*, Frankfurt 1976, S. 92: »Das ist die Frage, die vielleicht jede Erzählung stellt. *Wogegen wird die Erzählung getauscht? Was ist die Erzählung ›wert‹?* Hier wird die Erzählung gegen einen Körper getauscht (es geht um einen Prostitutionsvertrag), an anderer Stelle kann sie das Leben selbst kaufen (in *Tausend und eine Nacht* ist eine Geschichte von Scheherazade einen Tag Überleben wert).«
59 R. Jeffers, »Ich aber werde alt und saumselig«, s. S. 86
60 R. Jeffers, »Er nimmt's vom Lebendigen«, s. S. 85
61 R. Jeffers, »Todestraum des gefangenen Adlers«, s. S. 33
62 R. Jeffers, »Gottes Exzesse«, s. S. 51
63 G. Bergfleth, op. cit., S. 298
64 G. Bergfleth, op. cit., S. 367
65 G. Bataille, *Das theoretische Werk*, S. 13
66 G. Bataille, op. cit., S. 15–16

Zu Werk und Auswahl

Trotz der herrlichen Sprache und dem fliegenden Duktus bleibt in der Dichtung von Robinson Jeffers der Inhalt immer vorrangig vor der Form. Aus diesem Grunde haben wir in unserem Band darauf verzichtet, die amerikanischen Originaltexte mitabzudrucken, um dafür eine doppelt so große Anzahl seiner Gedichte vorzustellen. Dennoch stellt unsere Auswahl notgedrungen nur einen kleinen Bruchteil aus einem sehr umfangreichen Werk vor. Sie ist darauf angelegt, dem Leser Lust auf eine nähere Bekanntschaft zu machen, und bescheidet sich aus diesem Grund mit den Kurzgedichten und einigen Auszügen aus den erzählenden Langgedichten, wohl wissend, daß die Stimme dieses Dichters die lyrischen Feinschmecker kaum ansprechen wird. Denn »die ganze Richtung« paßt nicht zu der Literatur, die heute noch ein größeres Publikum findet. Auch diejenigen Dichter der Vergangenheit, die eine gewisse Wesensverwandtschaft mit Robinson Jeffers aufweisen, sind derzeit an die Peripherie des literarischen Interesses gerückt – man denke an die elisabethanische Dichtung (außer Shakespeare), vor allem an Christopher Marlowe's »mighty line« oder an die »Gothic tales« des vorigen Jahrhunderts, besonders an Edgar Allan Poe (der zur Zeit wiederentdeckt wird) oder an die hymnischen Langzeilen zwischen Prosa und Poesie von Walt Whitman – dem formalen *bête noire* der »New Critics«.

Auch die Kurzgedichte von Jeffers – es gibt Hunderte davon – fallen freilich aus allen Konventionen heraus, so daß für sie dasselbe gilt wie für die Langgedichte: sie sind absolut eigenständig und unverkennbar – ein Gedicht von Robinson Jeffers ist unter Tausenden identifizierbar. Seine gedankliche Kühnheit und seine Sprachpracht, seine reiche metaphorische Erfindungsgabe, seine mitreißende poetische Schwungkraft werden in dieser Verdichtung von keinem anderen Autor unserer Zeit erreicht. Das kommt nicht von ungefähr, denn Jeffers hat sein ganzes Leben damit zugebracht, eine Wortkunst zu entwickeln, die über die akademischen und tradierten Formen der Prosodie hinausweist. Er begann mit herkömmlichen Strophen, Sonetten, Reimpaaren, Oden, Chorliedern und dem ganzen Apparat der griechischen und abendländischen Versifizierung, aber er ließ sie nach und nach hinter sich, gemäß seinem Vorsatz: »die Reimtroddeln von meinen Versen abzuknappsen.« Anstelle dieser Ornamentik versuchte er Formen zu entwickeln, die sich unmittelbar an Vorbilder der Natur hielten: die Rhythmen der Brandung, Ebbe und Flut, das Herzpochen, das Pulsen des Bluts, die vorsprachlichen Kadenzen in den unbewußten Vorgängen oder der natürliche Tonfall der Umgangssprache. Er hat sich damit ein einzigartiges Instrument geschaffen – nie so frei wie die »freien Verszeilen« von Walt Whitman, aber auch nie so regelmäßig wie die überlieferte Metrik: »Ich möchte die willkürliche Form vermeiden und auch das beliebige Aufbrechen einer Form. Ich folge meinem Gefühl für die Anzahl der Hebungen in der Verszeile. Aber ein quantitatives Zeitmaß, an dem die unbetonten Silben teilhaben, spielt mit hinein. Der Rhythmus kommt aus vielerlei Quellen: Physik, Biologie, Blutpuls, die ebbenden und flutenden Begleiterscheinungen des Lebens, aus dem Verlangen nach einer singenden Emphase, das die Prosa nicht besitzt.«[1]

Die Verbindung von Zeitmaß und akzentuiertem Versmaß kommt Jeffers in den kurzen philosophischen wie in den langen erzählenden und dramatischen Gedichten zustatten. Aber die kürzeren Gedichte sind für den heutigen Leser zugänglicher, vor allem weil sie »ausgeglichener« sind. Sie haben kein mythisches und fiktives Geschehen zum Inhalt, sondern befassen sich mit der vertrauten alltäglichen Umwelt, den »normalen« und »vernünftigen« Aspekten unseres gemeinsamen Erdendaseins. Und sie fordern uns, die wir ans Lesen von Unterhaltungsliteratur gewohnt sind, nicht dazu heraus, fremde Maßstäbe an die ältere Gattung der Verserzählung zu legen. Aber auch wenn man die Kurzgedichte als moderne Spielart der bekannten »Gedankenlyrik« lesen will, fallen sie aus allen Rubriken heraus und entsprechen eher einer Vielzahl von anderen lyrischen Formen. So hat man die »Apologie für böse Träume« als »freie Ode« bezeichnet, andere Kurzgedichte als Fabeln, Balladen, Allegorien oder Gleichnisse. Alle Kurzgedichte reflektieren des Dichters philosophische Verarbeitung seiner Erfahrungen, sie sind, auch wenn sie rein religiös oder rein deskriptiv sind, immer »Kritik am Leben« (Matthew Arnold), und zwar von dem eigentümlichen Standpunkt Robinson Jeffers' aus, der an den irrationalen und amoralischen Handlungen der Langgedichte nicht immer so deutlich auszumachen ist. Zugleich vermitteln die Kurzgedichte einen Eindruck von den Widersprüchen und der inneren Zwiespältigkeit, in denen sich der Dichter über weite Strecken verhedderte, was vor allem bei der religiösen und politischen Thematik bemerkbar wird.

Während in den Kurzgedichten die philosophische Reflektion überwiegt, ist »mythopoeia« der Grundtenor der Langgedichte, d. h. die Erfindung moderner Mythen im Sinne des »monströsen Apriori« der Menschheit (vgl. »Die Exzesse von Robinson Jeffers«, S. 135), also die Erkundung der übermenschlichen und untermenschlichen Regionen seines Daseins. Dies ist zugleich der einzige Maßstab, nach dem dieses

Werk kritisch zu bewerten wäre.[2] Was nie geschehen ist – die meisten kritischen Einwürfe bringen Eigenschaften zur Sprache, die in Jeffers' Dichtung fehlen – wenn man etwa die Handlung der Verserzählungen »tragisch« nennt, dann kann man sie verdammen, weil sie nicht den Regeln der antiken Tragödie entsprechen; wenn man sie als reine Erzählungen auffaßt, dann kann man sie verurteilen, weil ihre Charaktere nicht so individualisiert sind wie im modernen Roman; wenn man die klassischen griechischen Stoffe in den Handlungen wiedererkennt, dann kann man sie abwerten, weil ihnen die hellenistische Klarheit und Heiterkeit abgeht. Die Kritiker haben Robinson Jeffers gehässig angegriffen, weil er die Gattung Mensch kritisiert hat; die Moralisten verurteilen ihn für seine unmoralischen Fabeln, in denen die Charaktere eher als Naturgewalten denn als Individuen agieren; die Kirchengänger bezeichnen seine Philosophie, die sich auf das Vorhandensein einer »objektiven Vernunft« bezieht, als Nihilismus, die Rationalisten, aus demselben Grunde, als Irrationalismus. All diese verworrenen Einwände aber gehen vorbei an dem eigentlichen, dem mythischen Anliegen dieser Dichtung, die »zu den dunklen Kontinenten der Seele reist« und deren Protagonisten die Vorstellungen des Dichters »bis zur letzten Konsequenz, bis ans Ende der Nacht durchleben« (Frederic I. Carpenter).[3] Selbstverständlich hatten diese Erkundungsreisen ihre Höhepunkte und Tiefpunkte, was die dichterische Leistung angeht, und dabei wären vier Hauptperioden zu unterscheiden.

I. In der ersten Periode (1925–1929) sah Jeffers seine Verserzählungen ausschließlich als moderne Naturmythen, und er erreichte in ihnen fast durchwegs den Kielgang der Tragödie. Dies waren die Gedichte, die ihn berühmt machten: *Tamar, Roan Stallion, The Tower Beyond Tragedy.* Hier handeln seine Charaktere stets unter naturgewaltigen Zwängen, die stärker sind als sie selber und vor denen ihre Individualität erliegt. Diese Langgedichte zeigen u. a. auch die erzählerische Begabung des Autors: Szenen, wie die Entkleidung der Klytemnästra auf der Palasttreppe nach dem Gattenmord, machen auf unvergeßliche Weise anschaulich, was man unter »nackter Gewalt« zu verstehen hat, auch die nächtliche Anbetung des roten Hengstes auf seiner Koppel durch die frustrierte Frau – das sind erzählerische *tours de force* von einem Rang, wie er in der Romanliteratur unserer Tage nicht oft vorkommt. *Tamar* ist die wüste Geschichte eines halb-göttlichen Mädchens, das einer doppelt blutschänderischen Ehe entsprossen ist und das in der zentralen Episode des Gedichts von all den Indianerstämmen, die ihre Vorfahren enteignet und ausgerottet hatten, auf gespenstische Weise vergewaltigt wird. Tamar wird aufgerieben in dem Konflikt zwischen menschlichen

Moralvorstellungen und nicht-menschlichen Naturgewalten. Die Verserzählungen dieser ersten Periode seiner Reife hatte der Autor ganz allein für sich geschrieben. Sie fanden aber größte Beachtung und zwangen ihn in der Folge dazu, seine eigenen z. T. gar nicht voll-bewußten Motivationen zu rationalisieren und zu rechtfertigen: *Tamar*, so erklärte er 1928, »schien mir im nachhinein eine Tendenz zur Romantisierung einer unmoralischen Freizügigkeit zu haben – ganz offensichtlich verstanden viele Leute das Gedicht so. Dieser Weg führt natürlich zur Vernichtung, oft für das Individuum, aber immer für den gesellschaftlichen Organismus.«[4]

II. In der zweiten Periode (1928–1935) verlagert sich das Gewicht deutlich vom Mythischen zur realistischen Fiktion. Die langen erklärenden Briefe an seine Freunde und Kritiker, die aus dieser Zeit stammen, zeigen, daß Jeffers versuchte, sich seiner Motivationen bewußter zu werden. Das führte zu der poetischen Intensität und der psychologischen Verwirrung von *The Women at Point Sur*, einem Gedicht von über 175 Seiten über die Gefahren des religiösen und sektiererischen Sendungswahns und des Hedonismus, die Jeffers wohl auch in sich selber verspürte. Das Gedicht war ein totaler Mißerfolg, und seine Absichten wurden völlig verkannt. Zur Erklärung schrieb Jeffers an James Rorty: »Genau wie Ibsen mit der *Wildente* eine Warnung vor seinen eigenen Ideen in den Händen eines Narren beabsichtigte, so war *Point Sur* als Warnung gedacht, aber zugleich auch als erneute Feststellung meines Standpunktes.«[5] Mit *Dear Judas* und *The Loving Shepherdess* (1929) kehrte Jeffers sich wieder dem mythischen Grundthema zu, nun aber mit größerem Realismus. So ist *The Loving Shepherdess*, die Geschichte eines (verfrühten) Hippie-Mädchens, ein moderner, in Kalifornien angesiedelter Mythos, und vielleicht die idyllischste unter den Verserzählungen von Jeffers. Sie endet mit der berühmten Metapher des Lachsweibchens, das zum Laichen stromaufwärts zum Oberlauf seines Geburtsflusses steigt, und an den Hindernissen seiner Wanderung verendet. Die darauffolgenden Verserzählungen: *Cawdor, Thurso's Landing* und *Give Your Heart to the Hawks*, zeigen dann eine weitere Verlagerung vom mythisch-zeitlosen Grundthema zur realistischen Romanschreibung der Gegenwart. Der Schauplatz ist immer die Südküste von Carmel, er wird ausführlich und im Detail geschildert, die handelnden Personen sind weniger getrieben, dafür komplexer und besser individualisiert. Immer noch amoralisch, sind sie sich in wachsendem Maß der moralischen Regeln, gegen die sie verstoßen, bewußt. Im ganzen gesehen verringert sich die Statur der Charaktere proportional zu ihrer Anerkennung der moralischen Gesetze der Zivilisation und ihrer Distanz vom mythischen Nährboden dieser Dichtung. Die Handlungen werden länger und episodenreicher und nähern sich der Form des Kurzromans. Die Gedichte dieser zweiten Periode hatten große Resonanz bei denjenigen, die sich von der Gewalttätigkeit und Zügellosigkeit der Gedichte der ersten Periode abgestoßen gefühlt hatten. In *Cawdor* findet sich der erzählerische Geniestreich der Schilderung der Vorgänge im Gehirn eines soeben Verstorbenen und die, ebenso bemerkenswerte, kosmische Projektion des Todes eines gefangenen und gequälten Raubvogels, eine Art Kreuzigung der Tiere.

III. In Jeffers' dritter Periode (ca. 1935–1948) werden seine mythischen Fabeln dann unsicher und selbst-befangen. Immer mehr gleichen sie psychologischen Krankengeschichten und Fall-Studien der Anormalität. In den frühen Verserzählungen wurde die krankhafte Deformation der handelnden Personen durch die kompensierende objektive Vernunft in den Dingen ausgeglichen, einem Ideal, das (wie Jeffers zeigte) für den Menschen unserer Tage praktisch nicht realisierbar ist, das aber gerade aus der inneren Spannung von Aktualität und Potentialität die ungeheure Ladung und Einschlagskraft dieser Dichtung erzeugt hatte. Nun, in den Gedichten dieser Periode entfällt die Spannung, das potentielle Ideal ist aus dem Gesichtsfeld des Autors entschwunden. Seine Erzählungen sind ganz aus dem Alptraum der subjektiven Vernunft heraus geschrieben ohne die größere Perspektive von vordem. Zum Teil ist das auch eine Folge der zunehmenden Verstrickung und Befangenheit des Dichters im Zeitgeschehen. Die handelnden Personen sind keinen inneren Zwängen mehr unterworfen, die über sie selbst hinausweisen, sondern sehen ihre irrationalen Triebkräfte auswegslos als Krankheit und Deformation. Ihnen, wie auch ihrem Autor, fehlt nun die innere Überzeugung. Das erste Gedicht dieser Phase, *Solstice*, ist eine Transposition der Medea-Geschichte in die kalifornische Umwelt, vielleicht die schwächste Verserzählung, die Jeffers je geschrieben hat. Es folgt *At the Birth of an Age*, eine Bearbeitung der Nibelungen-Sage, in der – mit Odin – die prometheisch-christliche Vorstellung des selbstgeopferten Gottes als mythische Grundlage der westlichen Kultur abgehandelt wird. Danach folgen: *Mara, Such Counsels You Gave to Me* und *Be Angry at the Sun*, letzteres enthält das Maskenspiel »The Bowl of Blood«, das sich mit der seelischen Struktur Hitlers beschäftigt. Niemand mochte die Gedichte dieser Periode, nicht einmal der Autor.

IV. Die vierte und letzte Periode (ab 1948–1962) brachte eine Rückwendung zum Mythischen, das aber nun eher die übermenschlichen als die untermenschlichen psychischen Grenzen des Menschen betrifft. Schon in der Erzählung *At the Birth of an Age* hatte der Dichter sich zur übermenschlichen und übernatürlichen Fabel vorangetastet und begonnen, sich vom Schöpfer der Naturmythen zum philosophisch-religiösen Dichter zu wandeln. *The Double Axe*, der erste Gedichtband dieser Schaffenszeit, bringt eine »realistische« Horrorstory: »The Love and the Hate«, in der die Heimkehr des gefallenen GI aus dem Globalkrieg in sein Elternhaus und die damit verbundenen »übernatürlichen« Ereignisse berichtet werden. Das heißt: die Wahnvorstellungen des Helden im Leben sind zum übernatürlichen Fakt geworden: »Ereignisse, die wie ein Alptraum *erschienen*, sind nun ein Alptraum *geworden*, der wie wirkliches Geschehen erscheint. Der Alptraum ist objektiviert worden« (F. Carpenter).[6] Die Fortsetzung dieser Erzählung, »The Inhumanist«, erörtert die aufgeworfenen Probleme in poetischer und dramatischer Form. Der »Inhumanist« ist Hausmeister auf der abgebrannten Ranch der Gores, ein alter Mann, Einsiedler, distanzierter Beobachter des menschlichen Wahnsinns und Gottsucher. *The Double Axe* ist eine Art Hymnus der Erlösung, ein religiöses und symbolisches Drama, in dem das endgültige Desengagement des Dichters von der menschlichen Tragödie ausagiert wird. Das Gedicht erinnert mitunter an das *Buch Hiob* und an *Also sprach Zarathustra*, aber es ist vor allem ein eigenständiges und überaus faszinierendes Werk des Dichters, der nun seine anfängliche mythische und bildmächtige Dichtkraft zurückgewinnt:

Es gibt ein andres Verhalten des Feuers, gleichwohl
dasselbe Feuer:
Furie der Wälder, löwengelbe Glutwalzen brechen
durch die Stämme,
Die Bäume prasseln zuboden, Flammen laufen wie Affen
die Äste entlang
Und das Feuergebläse röhrt wie ein Orkan.

So, in dem zweiten Gedicht dieser Periode, *Hungerfield* (1954); hier geht Robinson Jeffers einen Schritt weiter – er gestaltet den uralten mythischen Topos des Halbgottes, der mit dem Tod ringt, um einen geliebten Menschen ins Leben zurückzuholen. Die Erzählung weist alle »Realistik« einer Horrorstory von Edgar Allan Poe auf, steigert sich aber zu einer seltsamen Synthese von Übernatürlichem, Menschlichem und Natürlichem. Der Protagonist, Hungerfield, wird zum neuzeitlichen Halbgott, der instinktiv den Tod verneint und ihn mit übermenschlicher Kraft niederringt, aber durch diesen Sieg nur noch mehr Tod und Leiden bewirkt. Die Erinnerung an das lange Sterben seiner geliebten Gefährtin und der Versuch, mit dieser Erinnerung zu leben, verleihen dieser Erzählung eine besondere emotionale Unmittelbarkeit und Authentizität.

Für alle vier Perioden gilt, was Lloyd Morris 1928 über Robinson Jeffers schrieb – diese Dichtung wird erzeugt in einem Spannungsfeld, »in dem das Herz eines urzeitlichen Mystikers den Verstand eines zeitgenössischen psychoanalytischen Rationalisten bekriegt«.[7]

In dem, was wir von dem postumen und unfertigen Gedichtzyklus *The Beginning and the End* besitzen, läuft dann die andere Linie dieses Schaffens, die Linie der philosophischen Kurzgedichte aus und steigert sich zu einem letzten Höhepunkt.

Wir sehen somit in Robinson Jeffers' Werken einige Schwankungen und Unsicherheiten, aus denen sich die negativen Reaktionen der Kritik von vordem zum Teil, aber nur zum Teil, erklären lassen. Chronologisch wandelt sich die Dichtung vom Natürlich-Mythischen zur zivilisierten Psychoanalyse und endet in religiös-mythischen Allegorien. Ihre Lebenslinie wechselt zwischen psychologischer Melodramatik, übernatürlicher Phantastik und philosophischer Betrachtung, aber sie wächst in all ihrem Auf und Ab wiederholt in die Dimensionen des Tragischen und des Mythischen hinein.

Anmerkungen

1 R. Jeffers, zitiert nach Frederic I. Carpenter, *Robinson Jeffers*, New Haven, Conn., 1962, S. 154
2 Ich folge hier wie im weiteren vor allem der Untersuchung von Frederic I. Carpenter, op. cit.
3 F. Carpenter, op. cit., S. 13
4 R. Jeffers, Brief an James Rorty (1927), zitiert nach Melba B. Bennett, *The Stone Mason of Tor House*, California 1966, S. 118
5 R. Jeffers, ibid.
6 F. Carpenter, op. cit., S. 90
7 Lloyd Morris, »Robinson Jeffers: the Tragedy of a Modern Mystic« in *The New Republic* LIV (1928), S. 386–390

Bibliographie

Werke von Robinson Jeffers

1912 Flagons and Apples
1916 Californians
1924 Tamar and Other Poems
1925 Roan Stallion, Tamar and Other Poems
1927 The Women at Point Sur
1928 Cawdor and Other Poems
1929 Dear Judas and Other Poems
1930 Apology for Bad Dreams
1931 Descent to the Dead
1932 Thurso's Landing and Other Poems
1933 Give Your Heart to the Hawks
1935 Solstice and Other Poems
1937 Such Counsels You Gave to Me and Other Poems
1938 The Selected Poetry of Robinson Jeffers
1941 Be Angry at the Sun and Other Poems
1946 Medea, Freely Adapted from the Medea of Euripides
1948 The Double Axe and Other Poems
1954 Hungerfield and Other Poems
1956 Themes in My Poems
1963 The Beginning and the End and Other Poems
1968 The Selected Letters of Robinson Jeffers, 1897–1962, hrsg. Ann N. Ridgeway

Sekundärliteratur (Auswahl bis 1984)

Adamic, Louis. Robinson Jeffers. A Portrait. Seattle: University of Washington Book Store, 1929

Alberts, S. S. A Bibliography of the Works of Robinson Jeffers. New York: Random House, 1933

Bennett, Melba B. Robinson Jeffers and the Sea. San Francisco: Gelber, 1936

Bennett, Melba B. The Stone Mason of Tor House. The Life and Times of Robinson Jeffers. The Ward Ritchie Press, 1966

Brophy, Robert J. Robinson Jeffers: Myth, Ritual, and Symbol in his Narrative Poems. Cleveland & London: Case Western Reserve Press, 1973

Brother Antoninus [William Everson]. Robinson Jeffers: Fragments of an Older Fury. Oyez, 1968

Carpenter, Frederic I. Robinson Jeffers. New York: Twayne, 1962

Coffin, Arthur B. Robinson Jeffers: Poet of Inhumanism. Madison: University of Wisconsin Press, 1971

Gilbert, Rudolf. Shine, Perishing Republic: Robinson Jeffers and the Tragic Sense in Modern Poetry. Boston: Bruce Humphries, 1936

Hotchkiss, Bill. Jeffers: The Sivaistic Vision. Auburn, California: Blue Oak, 1975

Monjian, Mercedes. Robinson Jeffers: A Study in Inhumanism. Pittsburgh: University of Pittsburgh Press, 1958

Powell, Lawrence Clark. Robinson Jeffers, the Man and his Work. Pasadena: San Pasqual Press, 1940
Shebl, James. In This Wild Water. The Suppressed Poems of Robinson Jeffers. Pasadena, Ca.: Ward Ritchie Press, 1976
Squires, Radcliffe. The Loyalties of Robinson Jeffers. Ann Arbor: University of Michigan Press, 1956
Sterling, George. Robinson Jeffers, the Man and the Artist. New York: Boni and Liveright, 1926

Verzeichnis der amerikanischen Originaltitel der Gedichte in der Reihenfolge der Auswahl